Wanderführer

Usedom

Ostseeinsel am Stettiner Haff

Herbert Heinz • Egon Richter

Titelbild: Hafen in Kamminke, Klaus-Dieter Röding, Berlin / Archiv TV

Fotos: Joachim Bengs, Neppermin: S. 6, 29, 34, 51, 62; Harry Hardenberg, Stralsund: S. 31, 59, 60; Frank Ihlow, Potsdam: S. 8, 53; Klaus-Dieter Röding, Berlin: S. 13, 45, 46, 49; Wolfram Schmidt, Berlin: S. 4, 5, 7, 9, 12, 16, 23, 41, 44, 48, 50, 64, 65

Autoren und Verlag haben sich bemüht, auch in unserer schnellebigen Zeit dem Leser die neuesten Informationen zu vermitteln. Sollte dennoch einmal eine Angabe nicht dem neuesten Stand entsprechen, bitten wir dafür um Verständnis.
Für Berichtigungshinweise ist der Verlag dankbar.

Gedruckt auf EURO ART 2000 EXTRA 115 g/m^2 matt,
ein chlorfrei gebleichtes Bilderdruckpapier der
PWA Grafischen Papiere GmbH.

ISBN 3-350-00809-7

6., erneuerte Auflage
© Tourist Verlag GmbH
Neue Grünstraße 17
Berlin, O-1020
Satz und Druck: Mitteldeutsche Kartographie und Druck GmbH, Halle
Buchbinderische Verarbeitung: Wolfgang Goldak GmbH, Berlin

Inhalt

Einführung
Geologisch-geographischer Überblick 4
Pflanzen- und Tierwelt, Naturschutz 6
Geschichte 7

Ortsbeschreibungen 9
Peenemünde 9
Trassenheide und Karlshagen 11
Ostseebad Zinnowitz 14
Zempin 19
Koserow 21
Loddin und Kölpinsee 25
Ückeritz 26
Seebäder Bansin, Heringsdorf und Ahlbeck 28
Usedom 40

Wanderungen 41
1. Von Ahlbeck nach Świnoujście (Swinemünde) 42
2. Rund um den Gothensee 43
3. Rund um den Schmollensee 46
4. Zum Naturschutzgebiet Mümmelkensee 51
5. Zum Loddiner Höft 53
6. Von Zinnowitz über Karlshagen nach Wolgaster Fähre 54
7. Über den Gnitz 56
8. Von Ahlbeck über den Golm nach Kamminke 58
9. Auf dem Gebietswanderweg entlang der Haffküste 60
10. Durch den Usedomer Winkel 61
11. Über den Lieper Winkel 63
12. Von Mellenthin über Balm nach Neppermin 64

Natur- und Bodendenkmäler im Kreis Wolgast 67

Praktische Hinweise 68

Register 71

Karten
Ortsplan Bansin 30
Ortsplan Heringsdorf 32/33
Ortsplan Ahlbeck 36/37
Wanderkarten 1 : 100 000 74/78
Zeichenerklärung 73

Einführung

Geologisch-geographischer Überblick

In geographischer Hinsicht stellt die im äußersten Nordosten Deutschlands gelegene Insel Usedom ein im Norden von der Ostsee, im Osten von der Swine, im Süden vom Oderhaff (Stettiner Haff) und im Westen von der Peene und deren seeartiger Erweiterung, dem Achterwasser, begrenztes Dreieck dar. Mit 445 km² ist sie etwa halb so groß wie Rügen. Der östliche Teil mit Świnoujście (Swinemünde) ist polnisch. Vom Peenemünder Haken bis zur polnischen Grenze bei Ahlbeck beträgt ihre Ausdehnung etwa 42 km, von Nord nach Süd 37 km. Die Außenküste, lang und geschwungen und mit steinfreiem weißkörnigen Sandstrand, bildet in nordwest-südöstlicher Richtung fast eine gerade Linie. Sie ist eine Ausgleichsküste. Hingegen wirkt die Binnenküste durch zahlreiche Winkel, Halbinseln, Aus- und Einbuchtungen wild zerklüftet. Man nennt sie eine Bodden- und Haffküste. Im Nordwesten schweift der Blick über weite Niederungen, die manchmal kaum über Meereshöhe liegen und nur auf dem Gnitz, einer Halbinsel, und im Glienberg bei Zinnowitz Höhen über 30 m erreichen. Weiter südöstlich werden langgestreckte, sanfte Hügelrücken abgelöst durch steilwandige Kuppen in teilweise verwirrender Anordnung. Dazwischen immer wieder größere und kleinere Gewässer: das Achterwasser mit seinen Buchten, Gothen- und Schmollensee, die Krebssen, Wolgast-, Kachliner- und Zerninsee. Östlich schließt die Landschaft ab mit den Moränenhöhen des waldreichen

Strand bei Kölpinsee

Golm und des Ahlbecker Zierowberges. Es ist der Wechsel von der Küstenlandschaft zu dem Gemisch aus Gewässern, Wiesenflächen und einer Vielzahl von Hügeln und Bergen, der den besonderen Reiz der Insel ausmacht. Dabei werden die küstennahen Erhebungen vornehmlich bedeckt von Buchenwaldungen, während in den Sandergebieten der Mellenthiner Heide und der Usedomer Stadtforst die Kiefer dominiert.
Diese Formenvielfalt ist das Resultat eiszeitlicher Gestaltungsprozesse, die in mehreren, zeitlich versetzten Schüben abliefen. So drangen vor ca. 15 000 Jahren, zur Weichselkaltzeit, die Gletschermassen in Form des Oderlobus des skandinavischen Inlandeises in einer alten Tiefenrinne vor. Sie führten neben kleinkörnigem

Geologisch-geographischer Überblick

Am Peenestrom

Material auch riesige Felsbrocken mit. Als Ergebnis der Gletschervorstöße und -rückzüge bildeten sich die weiten Endmoränenzüge und die Komplexe der Stauchendmoränen, die Sanderflächen der Mellenthiner Heide und das Grundmoränengebiet des Usedomer Winkels. Auch die riesigen Findlinge sind eiszeitliche Hinterlassenschaften. Kleinere, territorial eng begrenzte Vorstöße führten zur Ausschürfung kleinerer und größerer Hohlformen, wie z. B. im Gebiet des Mümmelkensees anzutreffen.

Das nacheiszeitliche Geschehen führte wiederholt zu Veränderungen des Inselreliefs und der Küstenlinie der Ostsee. Letztmalig nach der sogenannten Litorinatransgression (nach der damals häufigen Schnecke Litorina litorea benannt), gerieten auch alle niedrig liegenden Küstenabschnitte Usedoms unter Wasser. Nur die höher gelegenen, z. B. der Glienberg, Strekkelsberg und Lange Berg, ragten noch als Inselkerne aus dem Wasser. Im Verlaufe der Jahrtausende veränderten Wind und Wasser die Küstenform ständig. Das an den vorspringenden Teilen der Inselkerne abgetragene Material wurde dort, wo sich die Wasser beruhigten, als Schwemmsand oder Dünen abgelagert. Während dieser Entwicklung wurden auch einstige Merresbuchten von der See abgetrennt, so u. a. der Schmollensee und der Kölpinsee. Auch heute ist der Küstenausgleich noch nicht beendet. Von den Steilküsten schwemmen die Strömungen Abbruchmaterial von Nordwesten und nach Südosten. Buhnenfelder, der Küstenschutzwald und Deiche gehören zu den Maßnahmen, die eine Überflutung von der See oder von der Boddenseite verhindern sollen.

Pflanzen- und Tierwelt, Naturschutz

Die Insel Usedom gehört - wie auch die Ostseeinseln Rügen und Hiddensee - zu den großflächigen Landschaftsschutzgebieten im östlichen Deutschland. Abhängig von Klima-, Boden- und anderen Qualitäten hat sich in zahlreichen Kleinlandschaften eine charakteristische Flora und Fauna entwickelt. Einige Flächen sind als Naturschutzgebiete gesondert ausgewiesen.

Bei dem **Naturschutzgebiet Peenemünder Haken, Struck** und **Ruden** handelt es sich um ein ausgedehntes Flachwassergebiet im Bereich der Mündung des Peenestroms. Charakteristisch sind die Salzwiesen und Flächen mit Birken-Stieleichen-Wald. Das Areal bietet durchziehenden Wasservögeln geeigneten Lebensraum. Struck und Ruden bilden wichtige Brutvogelbiotope. Das auf dem Festlandufer gelegene **Naturschutzgebiet Großer Wotig** und **Krösliner Ufer** erfüllt ähnliche Funktionen.

Bemerkenswerte, gut zugängliche Bestände an salzliebenden Pflanzen, ein Moorfroschbiotop und zahlreiche geschützte Pflanzenbestände z. B. des Säulenwachholders, der Berberitze und des Sanddorns, finden sich im **Naturschutzgebiet Südlicher Gnitz**. Im Steilufer nistet die Uferschwalbe. Die Verlandungsstadien eines ehemaligen Strandsees lassen sich ausgezeichnet im **Naturschutzgebiet Wockninsee** bei Ückeritz beobachten. Die verschiedenen Moorarten haben auch zur Ausprägung unterschiedli-

Alte Sockeleiche bei Suckow

cher Vegetationsformen geführt. Während die Flachmoore mit Erlenwald besetzt sind, werden die mehr kalkhaltigen Moore von Birken-Weiden-Gebüsch und Binsenschneiden-Ried bevorzugt. Dazwischen gedeihen Sumpfporst und Wollgräser. Das **Naturschutzgebiet Mümmelken-See** wird im Teil Wanderungen ausführlich beschrieben.

Das **Naturschutzgebiet Gothensee** und **Thurbruch** ist das größte derartige Areal auf der Insel. Der eutrophe See bildet besonders für Tafel-, Krick-, Knäk- und Löffelenten und die Graugans ideale Nahrungs- und Brutbiotope. In großen Beständen brütet die Trauerseeschwalbe.

Am südlichen Ufer befinden sich Moorstandorte unterschiedlicher Prägung. Hier kommen noch Sumpfporst, Sagelstrauch, Lungenenzian und verschiedene Orchideenarten vor. In diesem Gebiet lebt auch der stark gefährdete Fischotter.

Die **Naturschutzgebiete Böhmken**

und **Werder** sowie der **Cosim** gehören zum Nepperminer und Bahmer See, Teilen des Achterwassers. Besonders die Inseln sind bedeutende Brutplätze für viele seltene oder gefährdete Vogelarten im Ostseeküstenbereich: Brandgans, Löffelente, Flußseeschwalbe, Austernfischer, Kampfläufer und Reiherente. Andere Enten und Möwenarten brüten dort ebenfalls in größerer Zahl.
Neben dem floristischen Reichtum finden sich auf dem Cosim die Brut- und Nahrungsbiotope auch für Rotschenkel, Bekassine, Alpenstrandläufer und Uferschnepfe.
Aber auch außerhalb der Naturschutzgebiete, sozusagen direkt am Wege, finden sich Trockenrasen, Ufereinfassungen, Sölle und Kleinbiotope, die für den Naturfreund höchst anschauenswert und interessant sind.

Geschichte

Großsteingrab bei Lütow

Die Insel Usedom ist seit der Jungsteinzeit bewohnt, wie Zeugnisse der Trichterbecherkultur belegen. Während der Völkerwanderung zog die germanische Bevölkerung ab, ihr folgten slawische Siedler. Von deren Anwesenheit künden Wohnanlagen in Usedom, bei Mellenthin und Neppermin sowie Hacksilberfunde an verschiedenen Inselorten. Zahlreiche geographische Namen und die Anlage vieler Dörfer lassen den wendischen Ursprung erkennen. Mehrmals versuchten Dänen und Wikinger, die Handelshoheit in diesem Raum und die Kontrolle über die Insel zu gewinnen.
Als 1181 die zum Land Pommern-Wolgast gehörige Insel dem Heiligen Römischen Reich deutscher Nation zugeschlagen wurde, begann verstärkt die Besiedlung durch deutsche Kolonisten. In dieser Zeit entstanden zahlreiche neue Gemeinwesen. Bereits 1128 hatte Bischof Otto vom Bamberg in Usedom die vorpommerschen Fürsten zum Christentum bekehrt. Wenig später gründeten die Prämonstratenser in der Nähe der Stadt das Kloster Grobe, das sie 1309 nach Pudagla verlegten.
Vom 12. Jahrhundert bis in den Dreißigjährigen Krieg hinein war das am Peenestrom gelegene benachbarte Wolgast zweite Haupt- und Residenzstadt des mittelalterlichen Herzogtums Pommern. Wie die erste und größere Hauptstadt Stettin verfügte auch Wolgast über ein ansehnliches herzogliches Schloß, in dem die Greifenherzöge - wie die pommerschen Fürsten nach ihrem Wappentier genannt wurden - residierten. Das Schloß, das

Geschichte

Wolgast, Blick über die Altstadt

nach dem Dreißigjährigen Krieg rasch verfiel, lag auf der sogenannten Schloßinsel an der Stelle der heutigen Kreisverwaltung. Auch die Herzogsgräber in der Petrikirche und ein Stückchen Stadtmauer in der Oberwallstraße erinnern an das mittelalterliche Wolgast. Im 17. bis Anfang des 18. Jh. fiel Usedom vorübergehend an Schweden und gelangte dann in preußischen Besitz, während die heutige Kreisstadt Wolgast noch bis 1815 im schwedischen Staatsverband verblieb.

Im 19. Jh. kam der Badebetrieb auf. In den Ostseeorten entstanden Unterkünfte und Pensionen in der Nähe des Strandes, während die alten Bauern- und Fischerdörfer auf der Binnenseite ihren Charakter bewahrten. Zur "Badestube Berlins" geworden, erreichten einige dieser Seebäder im Laufe der vergangenen 150 Jahre einen Ruf, der in manchen Fällen über die Grenzen des Kontinents hinausreichte. Zu den Gästen gehörten Könige und Kaiser aus dem Haus der Hohenzollern ebenso wie die Spitzen der Hochfinanz, der Großindustrie, der künstlerischen und wissenschaftlichen Intelligenz. Jedoch fanden sich auch immer und fast überall Möglichkeiten, die es auch weniger bemittelten Schichten erlaubten, ihren Sommerurlaub auf Usedom zu verbringen. Bereits seit 1876 fuhr die Eisenbahn von Ducherow über Karnin – Usedom nach Swinemünde, 1894 nach Heringsdorf. Ab 1911 verkehrten Züge entlang der Badeorte bis Wolgaster Fähre.

Nach dem Zweiten Weltkrieg wurde auf Beschluß der Potsdamer Konferenz die östliche Spitze der Insel mit Swinemünde (ca. 90 km²) polnisch. Landrat und Ämter, die bis zu diesem Zeitpunkt von Swinemünde aus die Inseln Usedom und Wollin als einheitliches Kreisgebiet verwaltet hatten, zogen vorerst in das Seebad Ahlbeck um. Im Zuge der Verwaltungsreform

Wolgast, Bildtafel am Rathausbrunnen

von 1952/53 erfolgte die Auflösung der kommunalpolitischen Eigenständigkeit der Insel. Aus einem westlich des Peenestromes gelegenen, von dem bisherigen Landkreis Greifswald abgetrennten Gebiet und dem deutschen Teil der Insel Usedom entstand der neue Kreis Wolgast mit der gleichnamigen Kreisstadt. Von nun an lag die Hauptstadt der Insel erstmalig auf dem Festland.

Von Beginn ihrer Existenz an hatten die Badeorte der Insel unterschiedlichen Charakter. Der betraf sowohl ihr äußeres architektonisches Bild als auch ihre Erholungsangebote und ihr Publikum. Während die großen Bäder im Osten der Insel und das renommierte Zinnowitz in der Inselmitte großen Wert darauf legten, ihre Gäste auf sozusagen großstädtische Weise mit einer Vielzahl von Veranstaltungen in prachtvollen Gebäuden, Kurhäusern, Tanz- und Theatersälen zu unterhalten und zu amüsieren, empfahlen sich die kleineren Orte vor allem den Liebhabern von Natur, Ruhe und wirklicher Erholung. Dieser unterschiedliche Anspruch ist im wesentlichen bis auf den heutigen Tag gleichgeblieben und findet nach wie vor seinen Ausdruck auch im äußeren Bild der Seebäder. Jedes hat seine eigene Geschichte. Einige von ihnen sind menschliche Siedlungsorte aus grauer Vorzeit, andere sind historisch jung und speziell für den Fremdenverkehr ausgebaut oder gar, wie das Seebad Bansin, zu diesem Zweck überhaupt angelegt worden.

Wer ihrer Geschichte, ihrer Entwicklung und ihren Zielen gerecht werden will, muß sie im einzelnen betrachten.

Ortsbeschreibungen

Peenemünde

Im Jahre 1282 schenkte Herzog Bogislaw IV. seiner Residenzstadt Wolgast als Wiesen- und Weideland ein Gebiet im nordwestlichen Teil der Insel Usedom, das damals "das Land Buckow" genannt wurde, und begrenzte die Schenkung genau:

"... von dem Werder, welcher der alten Peene gegenüber liegt, bis an den Malzekowschen See und von da an in gerader Linie bis an den Stromnynchen See und von da an bis an den Winkel, welcher Peenemünde genannt wird, mit Inbegriff der Holzungen, der Weide und allen sonstigen Rechts bis an das salzige Wasser ..."

Die Urkunde bestätigt weiterhin alle bisher bestehenden Rechte der Stadt Wolgast an dem Peenemünder Hafen, wodurch deutlich wird, daß Bauern, Fischer und Seeleute hier schon ansässig und tätig waren, lange bevor der

Herzog das Gebiet an Wolgast verschenken konnte. Dreihundert Jahre danach gibt eine Auflistung des herzoglichen Kanzlers Valentin von Eickstädt Auskunft darüber, daß sechs Bauern den größten Teil der Peenemünder Ländereien bewirtschaften, während zwölf Kleinbauern eine Fläche bearbeiten, die "zwischen dem Holz" liegt. Die amtliche Liste des Kanzlers bestätigt außerdem die Dienstpflichten der Peenemünder Einwohner gegenüber der Residenzstadt und bekräftigt nachdrücklich ihre Aufgabe, alle drei Jahre die aufwendige herzogliche Jagd in den Peenemünder Forsten auszurichten. Es war jedoch nur dem Herzog und seinem Hof gestattet, dort Füchse, Hasen, Schweine und Rehe zu jagen - die Bauern waren von diesem Privileg ausgeschlossen. Die Fischer hatten jeden Stör bei Hofe abzuliefern, kassierten dafür aber immerhin eine Prämie bis zu 24 Schilling. Für "ein Töver voll" Speisefisch, den sie darüber hinaus der herzoglichen Küche von jedem Fang abzuliefern hatten, bekamen sie nichts.

Trotz dieser amtlichen Auflagen hielten sich die Abgabepflichten der Peenemünder Bauern in Grenzen. Wenige Jahre später überzog der Dreißigjährige Krieg Europa mit Blut und Tränen. Zwar versuchte der letzte Greifenherzog, Bogislaw XIV., sein Land durch unsicheres, neutrales Verhalten aus den Kämpfen herauszuhalten. Das mißlang jedoch. Wolgast mußte 2 000 Mann Wallensteinscher Truppen aufnehmen, und ihr Feldherr ließ zur Sicherung der Peene-Mündung stark befestigte Schanzen aufwerfen. Diese sogenannte Peenemünder Schanze bestimmte jahrhundertelang das Schicksal des Ortes. Noch während des Dreißigjährigen Krieges brachten die Dänen sie in ihren Besitz, um sie wenig später wieder an Wallenstein zu verlieren. 1630 landete Schwedens König Gustav Adolf mit seiner kleinen, aber schlagkräftigen Armee an dieser Stelle, und die Schanze wurde eine schwedische Befestigung, die im Siebenjährigen Krieg endgültig an Preußen gelangte. Im Deutsch-Französischen Krieg wurde die Anlage letztmalig mit Landwehr und Husaren besetzt und verlor danach ihre militärstrategische Bedeutung. Indessen lebten Bauern und Fischer des abgelegenen Ortes ihr karges Leben weiter. Eine Änderung und Verbesserung erhofften sie sich vom Fremdenverkehr, für den ihre Lokalzeitung, der "Peenemünder Heimatbote" die Werbetrommel rührte. Aber weder dessen Kampagnen, noch die mit großem Aufwand betriebene Einweihung des Gustav-Adolf-Gedenksteins waren imstande, aus Peenemünde einen Badeort zu machen.

Mit dem Traum vom Seebad war es vorbei, als in den dreißiger Jahren Adolf Hitlers Reichsregierung einen beträchtlichen Teil der Landschaft an der äußersten westlichen Meeresküste der Insel zum militärischen Sperrgebiet erklären ließ. Von 1935 an begann eine rege Bautätigkeit: Straßen wurden angelegt, Wohnsiedlungen, Werkhallen, Laboratorien und Forschungsstätten entstanden. Vom Bahnhof Zinnowitz aus verkehrten auf einer elektrifizierten Bahnstrecke S-Bahn-ähnliche kurze Triebwagenzüge. Insgesamt arbeiteten unter General Dornberger und Wernher von Braun 36 Professoren, 1 500 Wissenschaftler und 8 000 Facharbeiter an der Entwicklung und Herstellung von fliegenden Bomben (V 1) und Raketen (V 2), von denen die V 2 unter der Bezeichnung A 4 (Aggregat 4) am 3. Oktober

1942 die Grenze zum Weltraum durchbrach. Wohl nur wenige der Fischer und Bauern von Peenemünde und der nahegelegenen Dörfer Karlshagen und Trassenheide wußten damals, daß ihre Heimat zum Geburtsort der modernen Raumfahrt und gleichzeitig zum Inbegriff für Tod und Verderben geworden war. Wie dem auch sei: Die Forschungsstätten von Peenemünde waren militärische Objekte und der Ort selbst ein militärischer Standort.

Nachdem es der britischen Luftaufklärung gelungen war, das "Raketennest" auszumachen und Widerstandsgruppen und Zwangsarbeiter über geheime Kanäle in Oslo weitere Einzelheiten geliefert hatten, kehrte der Tod, der von Peenemünde aus eigentlich den Londonern zugedacht gewesen war, von dort an seinen Ursprungsort zurück: In der Nacht vom 17. zum 18. August 1943 legten 600 britische Bomber große Teile des Dorfes, der Siedlung und der Forschungs- und Produktionsanlagen von Peenemünde in Schutt und Asche. Tausende Zwangsarbeiter, Kriegsgefangene, Einwohner, Soldaten und Mitarbeiter der Peenemünder Forschungsanstalten verloren ihr Leben. Dennoch wurde die Arbeit nicht eingestellt, und erst ein zweiter massiver Angriff im Juli 1944 zwang die Leitung der Heeresversuchsanstalt, ihre Arbeiten in die Bergwerksstollen von Nordhausen zu verlegen. Was die Bombardements übriggelassen hatten, wurde nach dem Krieg von der sowjetischen Besatzungsmacht demontiert und gesprengt. Dennoch: Ein gut ausgestatteter Flugplatz war benutzbar, ein funktionstüchtiger Hafen vorhanden - Peenemündes militärische Zukunft quasi vorprogrammiert.

Bereits in den fünfziger Jahren war der Ort wieder zur Flottenbasis Ost der DDR-Volksmarine und der nahegelegene Karlshagener Flugplatz zum Stützpunkt der DDR-Luftstreitkräfte geworden - und die ganze Gegend blieb weiterhin Sperrzone. Erst nach der Wende 1989 öffnete sich das Territorium den Anwohnern und Besuchern. Am 8. Mai 1991 hatte eine Peenemünder Arbeitsgemeinschaft die ehemalige Schaltwarte des für die V-Waffen-Produktion benötigten und später der zivilen Stromversorgung dienenden Kraftwerks in ein museales **Informationszentrum** umgewandelt, in dem die Geschichte des Ortes und der Raketenentwicklung mit einer Fülle dokumentaren und originalen Materials dargestellt wird. Bereits nach vier Monaten zählte das Informationszentrum zehntausende Besucher aus aller Welt. Der Ministerpräsident Mecklenburg-Vorpommerns besuchte das Zentrum ebenso wie die bis dahin nur in den alten Bundesländern wirksame Interessengemeinschaft der ehemaligen Peenemünder Wissenschaftler und Techniker. Es ist nicht daran zu zweifeln, daß Investoren in kürzester Zeit für den Bau von attraktiven Ferienunterkünften sorgen werden. Peenemünde ist - auch seiner Vergangenheit wegen - ein interessantes Touristenziel geworden.

Trassenheide und Karlshagen

Wenigstens seit Mitte der dreißiger Jahre waren die Dörfer Trassenheide und Karlshagen in die militärische Entwicklung Peenemündes einbezogen. Beide Orte dienten den "Peenemündern" als Wohnbereiche, Karlshagen verfügte außerdem über den "zuständigen" Militärflugplatz. Historisch allerdings unterschieden sie sich beträchtlich von dem uralten Fi-

Landschaft bei Trassenheide

scherdorf Peenemünde: Beides waren planmäßige staatliche Ansiedlungen. Die Initiative zu ihrer Gründung geht auf den pommerschen Oberpräsidenten Sack zurück, dessen Ziel es war, an sogenannten "öden Strandstellen" neue Fischerdörfer anzulegen. Im Jahre 1823 entstand nördlich von Zinnowitz die erste der beiden Siedlungskolonien. Dreißig Jahre zuvor waren hier bereits ein paar Familien ansässig geworden, die ihre Niederlassung nach einem entsprechenden Gebäude der Domäne Mölschow einfach "Schafstall" genannt hatten. Von nun an blieb die Stelle Ansiedlungsgebiet und erhielt als Kolonie den Namen "Hammelstall", was wiederum in den folgenden Jahrzehnten den Tourismus keineswegs beförderte: Wer wollte seine Ferien schon gern im Hammelstall verbringen? Eine Lösung fand sich im Namen des Försters Trassen, der im nahen Sumpfgebiet ertrunken sein soll und nach dem schon die Försterei Trassenmoor benannt worden war. Neunzig Jahre nach Gründung der offiziellen Ansiedlung Hammelstall erhielt diese 1913 die Bezeichnung Trassenheide.

Im Nachbardorf wiederum diente ein Vorname als Grundlage für die Ortsbezeichnung. Allerdings hätte es den Ort beinahe nicht gegeben: Oberpräsident Sack hatte von Anfang an darauf gedrängt, die Ortsgemarkung von Hammelstall erheblich zu erweitern. Da die Bodenbesitzer der Umgebung sich jedoch weigerten, das dafür nötige Land abzutreten, schlug der pommersche Regierungsrat Karl Triest die Gründung einer neuen Kolonie auf

Trassenheide und Karlshagen

Strand von Trassenheide

staatseigenem Waldland vor. Sack genehmigte dies Verfahren, und Karl Triest ließ im Amtsblatt vom 6. Juli 1829 insgesamt 29 Parzellen ausschreiben, die auch rasch Abnehmer fanden. Ein Jahr später starb der Regierungsrat, und am 10. November 1837 gab die Königliche Regierung in Stettin den neuen Namen der Ansiedlung bekannt: Karlshagen.
Ein halbes Jahrhundert später war aus der Kolonie, die nicht nur gelegentlich von Zinnowitzer Badegästen, sondern auch von Künstlern und Naturschwärmern aufgesucht wurde, ein anerkannter offizieller Badeort geworden. Die Ursprungskolonie Trassenheide erhielt diesen Status erst im Jahre 1903, als der Fremdenverkehr auf Usedom schon florierte.
Karlshagen und Trassenheide lagen abseits der Bäderstrecke und blieben im Unterschied zu den großen Seebädern im Mittelteil und am östlichen Ende der Insel ein stilles Refugium jener Gäste, die Ruhe, Besinnlichkeit und naturverbundene Erholung dem lärmenden Treiben der berühmten Kurorte vorzogen. Sie sorgten über Generationen hinweg für jenen Ruf, der den beiden kleinen Orten auch nach 1945 erhalten blieb. Während der gewerkschaftliche Feriendienst besonders seit 1953 eine Art Monopolstellung in den großen Bädern einnahm und Jahr für Jahr im 13-Tage-Rhythmus Hunderttausende durch seine Heime schleuste, blieben die kleinen Orte vor allem dem Reisebüro, dem Kindererholungswesen und vielen Privatgästen zugänglich. Mit Unterstützung von Industriebetrieben, die

sich dort Ferieneinrichtungen erbauten, verbesserten die kleinen Gemeinden ihre Kureinrichtungen, Parkanlagen, Straßensysteme und gastronomischen Einrichtungen.
Obwohl viele Feriendomizile nach der Wende vom Herbst 1989 ihre Besitzer wechselten, werden die herrliche Natur, die breiten Strände und die stillen Wälder nach wie vor wanderlustige und naturverbundene Urlauber anziehen.

Ostseebad Zinnowitz

Wenn man aus Wolgast oder von Peenemünde kommend die B 111 in östlicher Richtung weiterfährt, gelangt man nach wenigen Kilometern in das erste der großen Bäder auf Usedom - nach Zinnowitz. Seine Jubiläums- und Jahrhundertfeiern kann der Ort mit einer Urkunde begründen, die am 9. Februar 1309 in der Kanzlei von Herzog Bogislaw IV. ausgestellt wurde und eine Schenkung dieses Fürsten betraf:
"... das ehrwürdige gegenwärtig lebende Geschlecht und die zukünftig lebenden glücklichen Menschen (mögen) erfahren, daß wir aus gutem Willen den Konvent der Nonnen zu Crummin alle Güter, welche sie in ihrem Besitz haben, nämlich die Dörfer Crummin, Tzys und Mahlzow mit allen ihren Zugehörungen in bebauten und unbebauten Äckern, Wäldern, Hainen, Wiesen, Wässern, Fischereien, errichteten und noch zu errichtenden Mühlen mit allem Rechte, hohen und niederem, Nutzen, Gebrauch und Nießbrauch und ebenso alle Güter, welche sie kaufen oder erwerben können im Lande Bukow oder im Lande Usedom, unbeschadet der uns gebührenden Dienste, zueignen, sie mit fortwährendem Rechte glücklich und mit Ruhe zu besitzen. Dazu, wenn jemand von unseren Vasallen, Städten oder sonstwer irgendwelche Güter in seinem Testamente vorbenannten Nonnen vermacht oder um Gottes willen auszahlt, so eignen wir ihnen diese zu Genuß unter dem rechtmäßigen Besitztitel einer Schenkung."

Aus dieser Urkunde ist erkennbar, daß es unter dem wendischen Namen Tzys das Dorf Zinnowitz schon gab, bevor der Herzog seine Zugehörigkeit zum Krumminer Nonnenkloster erneut bestätigen konnte. Bodenfunde, ein Großsteingrab im benachbarten, auf der Halbinsel Gnitz gelegenen Lütow, frühgeschichtliche Steinbeile und -werkzeuge belegen schon die Anwesenheit von Germanen in dieser Gegend. Auch die Wenden müssen lange vor 1309 hier gesiedelt haben, Urnenscherben und ein sieben Meter langer Einbaum wendischen Ursprungs dienen den Archäologen und Historikern als ausreichende Beweise neben dem Dorfnamen Tzys. Dessen Bedeutung ist allerdings doppeldeutig, sie kann ebenso von zitno = Korn wie von ziti = Schilfrohr abgeleitet sein.
Als mehr und mehr deutsche Einwanderer in das ursprünglich wendische Gebiet der pommerschen Herzöge kamen und die Wenden ebenso assimiliert wurden wie ihre Sprache, wurde aus dem slawischen Tzys das deutsche Zitz. Die Herzöge hatten das Kloster Krummin aber nicht aus reiner Gutherzigkeit mit so großartigen Schenkungen beehrt: Vielmehr galt Krummin als eine Art Versorgungsanstalt für ihre unverheirateten Schwestern und Töchter. So waren z. B. die Krumminer Äbtissinnen Jutta und Elisabeth pommersche Prinzessinnen und die Gräfin Anna Cäcilia von Mansfeld eine Angehörige des gleichnamigen vornehmen pommerschen Adelsge-

schlechtes. Krumminer Klosterknechte zogen von den ihnen tributpflichtigen Dörfern und Gemeinden erhebliche Geld- und Naturalabgaben ein, darunter auch von Tzys bzw. Zitz. Dafür errichtete das Kloster 1496 eine Kapelle in Zitz, die mit einem "wundertätigen" Marienbild ausgestattet war, für dessen "Hilfe" sicher ebenfalls beträchtliche Beträge vereinnahmt wurden. Nach der Reformation zogen die zum evangelischen Glauben übergetretenen pommerschen Herzöge die Klöstergüter ein, verwandelten sie in staatliche Domänen und zogen noch immer bedeutenden Gewinn daraus. Erst nachdem das Geschlecht der Greifen-Herzöge im Dreißigjährigen Krieg erloschen und Zitz am 14. Oktober 1648 dem Königreich Schweden zugeschlagen worden war, besserten sich die Zustände, da die Schweden sich so gut wie nicht in die inneren Angelegenheiten ihrer kontinentalen Besitzungen einmischten. Nach ständigen militärischen Auseinandersetzungen wurde die Insel Usedom und mit ihr auch Zitz im Jahre 1721 dem expandierenden preußischen Staat einverleibt. Dessen späterer Herrscher, Friedrich II., ein auf Sparsamkeit ebenso bedachter wie der wirtschaftlichen Prosperität Pommerns zugewandter Monarch, schloß Zitz in die Pläne seiner sogenannten inneren Kolonisation ein. Einwohner und Grundherren der neuen Territorien erschienen dem König gleichermaßen suspekt. Er beklagte "die uralte hergebrachte pommersche Faulheit, die unaussprechliche Unvergnüglichkeit des Adels und die faule und nachlässige Wirtschaft des dortigen Landmannes". Den fünf noch in Zitz verbliebenen Bauern entzog er den Landbesitz und siedelte sie kurzerhand in Bannemin, Mahlzow und Neeberg an. Auch der Name Zitz gefiel dem König nicht. Die neue kleine, hauptsächlich auf Milchwirtschaft orientierte Domäne besetzte er mit acht Familien aus Mecklenburg, Schweden und Neuvorpommern und verlieh ihr 1751 den Namen Zinnowitz.

Der Ort gehörte von nun an zum Amtsbezirk Pudagla und war diesem gegenüber zu Dienst- und Arbeitsleistungen verpflichtet. Vom Militärdienst waren die neuen Zinnowitzer befreit. Offensichtlich konnte der König sie beim Siebenjährigen Krieg entbehren, der wenig später die Peenemünder Schanze und das benachbarte Zinnowitz in einen heißumkämpften Kriegsschauplatz verwandelte. Erst nach dem Friedensschluß vom 22. Mai 1762 hatte Zinnowitz Ruhe. Vierundvierzig Jahre lang konnte der Ort sich ungestört entwickeln. Dann brachten die napoleonischen und die ihnen folgenden sogenannten Befreiungskriege wieder Not und Elend. Zuerst plünderten nach der Schlacht bei Jena die nach Osten fliehenden Reste der preußischen Armee, die ihnen folgenden Flüchtlingstrecks und die nachrückenden napoleonischen Truppen unter den Marschällen Betrand, Mortier, Brune und Soult den Ort aus. Als sie nach dem Rußlandfeldzug geschlagen und von der neuen preußischen Armee hart bedrängt wurden, zogen die Heerscharen von Blücher und Bülow, Tauentzien und Altenstein über Zinnowitz, und der legendäre Major von Schill nahm im dortigen Gasthaus ein Frühstück ein. Finanznöte zwangen Friedrich Wilhelm III. nach dem Krieg zum Verkauf einiger Staatsdomänen. Auf solche Weise gelangte Zinnowitz für 14 300 Taler in den Besitz des reichen Swinemünder Senators Krause, der aber so wenig Glück mit dieser Neuer-

Ostseebad Zinnowitz

Strand in Zinnowitz

werbung hatte, daß er schon 1818 die 1 800 Morgen Land wieder an die in Zinnowitz ansässigen 29 Bauern verkaufte und mit dem Kaufpreis von 18 000 Talern immerhin noch einen ansehnlichen Gewinn für sich herausschlug. Während im Ostteil der Insel Orte wie Swinemünde und Heringsdorf sich langsam aber stetig immer mehr dem lukrativen Badebetrieb zuwandten, konnten die Bauern von Zinnowitz dem Ort keine Prosperität verleihen. Sie beschlossen deshalb, es den östlichen Nachbarn gleichzutun, allerdings mit einem bemerkenswerten Unterschied: Angesichts der Tatsache, daß die Kur- und Badepreise in den östlichen Bädern ständig stiegen, nahmen die Zinnowitzer sich vor, ein Gegengewicht dazu zu schaffen und mit relativ niedrigen Preisen eine größere Menge von Gästen in ihr "Volksbad" zu locken. Unter dem Datum vom 21. April 1851 richteten sie deshalb an den Swinemünder Landrat von Ferno folgendes Gesuch:

"Dem Königlichen Herrn Landrat zeigen wir hiermit an, daß die Gemeinde Zinnowitz gesonnen ist, hier an der Ostsee einen Seebadeort anzulegen, nachdem Herr Dr. Hannemann (Wolgast) den Ort und das Wasser für gut befunden hat. Da die Gemeinde dadurch Aussicht hat, ihre Erwerbsverhältnisse zu befördern, so bitten wir, uns nichts in den Weg zu legen und für baldigste Genehmigung durch die Königliche Regierung gefälligst sorgen zu wollen. Wir bitten, bei der Königlichen Regierung die nötigen Schritte einleiten zu wollen. Der Ortsvorstand

Fuljan, Fubel, Häfke."

Am 26. Juni 1851 erteilte Herr von Ferno der Gemeinde Zinnowitz den Badekonsens, wobei er die Auflage erteilte, entsprechende Badehütten am Strand zu errichten, eine Badedirektion einzurichten und in der See eine deutlich erkennbare Badegrenze zu markieren. Im Grunde besaß der Ort außer dem steinfreien Strand und den Wäldern der Umgebung keinerlei Voraussetzungen für die Umwandlung in ein Seebad. Badegäste konnten nur in relativ armseligen Bauernhäusern Unterkunft finden, mußten ihr eigenes Bettzeug mitbringen und sogar das Rohr für die Badehütten am Strand heranschaffen lassen. - Falls sie den Ort überhaupt erreichten, denn die großen pommerschen, dänischen und russischen Passagier-Dampfer, die die Gäste nach Swinemünde und Heringsdorf brachten, liefen Zinnowitz nicht an. Wer dorthin wollte, mußte sich mit Fuhrwerken fahren lassen. Selbst als 1863 die Bahnstrecke von Züssow nach Wolgast und dreizehn Jahre danach die von Ducherow nach Swinemünde erbaut worden war, änderte sich an diesen Verkehrsverhältnissen wenig. Dennoch fand sich eine neue Möglichkeit: Von Karnin bei Usedom - dem ersten Haltepunkt der D-Züge auf dem Weg nach Swinemünde - wurden potentielle Zinnowitzer Badegäste mit Booten abgeholt und über das Achterwasser in den neuen Badeort gebracht. Gerade diese Verbindung scheint es gewesen zu sein, die sich einer großen Beliebtheit erfreute. Die Gästezahl erhöhte sich von 600 im Jahre 1876 auf 3 000 im Jahre 1891.

Eine rege Bautätigkeit vor allem zwischen altem Dorf und Strand und auf der Höhe des Glienberges ließ in den siebziger und achtziger Jahren des vergangenen Jahrhunderts Hotels und Pensionen aus dem Boden schießen, die von Anfang an mit allen Nebengelassen wie Pferdeställen, Garagen, glanzvollen Speisesälen und Dunkelkammern für Amateurfotografen ausgestattet waren. Bereits 1892 hatte die Ortsverwaltung Promenaden anlegen und Seebadeanstalten für Damen und Herren errichten lassen, denen 1907 ein Familienbad folgte. Nur in deren abgegrenzten Bereichen war das Baden erlaubt. Für ein Bad waren 20 Pfennige für Kinder und 35 Pfennige für Erwachsene zu entrichten. Mit diesen Preisen war die ursprüngliche Absicht, Zinnowitz zu einem Volksbad zu machen, nicht zu verwirklichen. Auch von einem preiswerten und einfachen Mittelstandsbad, wie die Prospekte es darstellten, konnte keine Rede mehr sein - wer 35 Pfennige für ein einfaches Seebad bezahlen konnte, der mußte schon über erhebliche Kapitalien verfügen. Ein Hausdiener verdiente zu dieser Zeit 30,00 Mark im Monat, ein Zinnowitzer Kurgast bezahlte 26,00 Mark täglich für seinen dortigen Aufenthalt.

Und so gehörte zu den Gästen des 1880 errichteten vornehmsten Hauses am Platze, dem späteren "Preußenhof", denn auch der Kronprinz, dessen Kuraufenthalt in Zinnowitz allein 5 000 Goldmark kostete.

Gäste dieser Kategorie versetzten den Ort in die Lage, sich in relativ kurzer Zeit ein neues Gesicht zu geben: Tennisplätze, Reit- und Radfahrwege in weitläufigen gepflegten Parkanlagen luden zu Sport und Spiel ein. Von einer vierhundert Meter langen Seebrücke liefen Linien- und Ausflugsschiffe in die Nachbarbäder, nach Stettin und Bornholm aus. Eine Konzerthalle mit einem drehbaren Musikpavillon machte es der Kurkapelle möglich, ihre Konzerte je nach Wind und Wetter entweder in der Halle oder in den sie umgebenden Kuranlagen darzubieten. Zinnowitz hatte sich schon vor dem Ersten Weltkrieg zu einem Seebad ersten Ranges gemausert und war durchaus sein teures Geld wert.

Nach 1918 gingen alle sozialen und politischen Umschichtungsprozesse fast spurlos an Zinnowitz vorüber. Das Seebad blieb seinen deutsch-nationalen Publikumskreisen und diese blieben Zinnowitz treu. Zwei Jahre nach der Novemberrevolution gründete sich in Zinnowitz ein "Zweckverband zur Reinhaltung des Ostseebades Zinnowitz für deutschblütige Kurgäste" - damals war an Hitlers Judenpogrome noch gar nicht zu denken. Die Gemeindeverwaltung zeigte bei allen erforderlichen Anlässen nicht das amtliche Schwarz-Rot-Gold, sondern das kaiserliche Schwarz-Weiß-Rot, ein Ortsverein der SPD mußte im benachbarten Zempin gegründet werden, weil niemand in Zinnowitz einen Saal dafür zur Verfügung stellte. Die Weimarer Republik nahm es auch hin, daß Zinnowitzer Hotels und Pensionen ihre Werbeannoncen in den offiziellen

Prospekten an allen vier Ecken mit Hakenkreuzen schmückten.
Das Bad der Deutsch-Nationalen, wie Zinnowitz oft genannt wurde, nahm wie die anderen Bäder auf Usedom in den zwanziger und dreißiger Jahren einen erheblichen Aufschwung. Dieser erfuhr mit der Einrichtung der Heeresversuchsanstalt und der Luftwaffenerprobungsstelle in Peenemünde seine erste Unterbrechung: Hotels und Pensionen hatten Quartiere für die dort beschäftigten und stationierten Offiziere, Wissenschaftler und Techniker zu stellen, die Zahl der regulären Kurgäste ging 1938 auf 4 000 zurück. Dieser letzten normalen Saison folgte der Zweite Weltkrieg, der das Ostseebad endgültig in die Peenemünder Aktivitäten integrierte. Der zielgenaue Angriff auf das "Raketennest", von dem Zinnowitz nicht betroffen wurde, verstärkte diese Bindung zumindest solange, bis die Peenemünder Einrichtungen endgültig nach Nordhausen verlegt wurden. Merkwürdigerweise entwickelte sich ausgerechnet dieser als deutsch-national bekannte Ort zum Zentrum des Kampfes gegen den Nationalsozialismus auf Usedom. Der Schriftsteller Hermann Heinz Wille, der nach 1945 das erste Usedom-Buch publizierte, beschreibt das Schicksal der Zinnowitzer Widerstandsgruppe folgendermaßen:

"... Zu ihren führenden Köpfen gehörte der holländische Kommunist Johannes ter Morsche, der mit einer deutschen Frau verheiratet war, die in Zinnowitz wohnte. Hier nahm ter Morsche 1942 auch die Verbindung zur Widerstandsgruppe des aus dem KZ Dachau entlassenen katholischen Prälaten Dr. Carl Lampert auf, der u. a. der Greifswalder Dozent Dr. Wachsmann angehörte. Durch Einschleusen eines Spitzels gelang es der Gestapo am 4. Februar 1943 in einer 'Nacht-und-Nebel-Aktion', mehr als 60 Mitglieder der Widerstandsgruppe zu verhaften. Als 'Fall Stettin' vor einem faschistischen Sondergericht in Leipzig verhandelt, wurden die führenden Mitglieder zum Tode durch den Strang verurteilt, die anderen erhielten langjährige Zuchthausstrafen.
Die Namen 'Johannes-ter-Morsche-Straße' und 'Dr. Wachsmann-Straße' halten die Erinnerung an ihre Taten wach."

Nachdem im Frühjahr 1945 die Rote Armee die Insel Usedom sozusagen in die Zange genommen hatte, kam es im Westteil der Insel und im Raum um Zinnowitz letzmalig zu erheblichen Kampfhandlungen. Aber schon am 7. Mai 1945 zog der erste sowjetische Ortskommandant in das Seebad ein und ernannte den Widerstandskämpfer Hans Krabbenhöft zu dessen erstem Bürgermeister.
Die nun folgende Entwicklung war der in allen anderen ostdeutschen Seebädern vergleichbar: In den von ihren Besitzern verlassenen Hotels und Pensionen ließ sich der gewerkschaftliche Feriendienst nieder, der darüber hinaus Unterkunftsverträge mit den noch verbliebenen Pensionsinhabern abschloß. Aus dem "Preußenhof" wurde das Bergarbeitererholungsheim "Glück auf", und schon fünf Jahre nach dem Krieg, als der Bildhauer Hans Kies das Zinnowitzer Bürgermeisteramt versah, zählte der Ort wieder 20 000 Urlauber in fast dreißig Feriendienst-Heimen und zahlreichen durch Verträge gebundenen Privathäusern.
Zusehends begann der Ort, sich von Schäden und Verwahrlosungen des

Krieges zu erholen. In diese Entwicklung brach, wie in den anderen großen Bädern, die sogenannte "Aktion Rose" ein: Mit Unterstützung von Polizei, Sicherheitsdienst und Justiz wurden noch verbliebene private Hotels und Pensionen auf hinterhältige Weise enteignet, indem man ihren Besitzern alle möglichen strafbaren Handlungen wie Wirtschaftsstrafvergehen, Hortung von Lebensmitteln (z. B. sieben Heringe im Keller!), Schwarzhandel u. a. Delikte unterstellte oder diese sogar selbst organisierte. Nach Abschluß dieser bösartigen Blitzaktion, Inhaftierung oder Flucht der einstigen Besitzer verfügte nunmehr der Feriendienst allein über die "Badeherrschaft". Allerdings waren seine Tage in Zinnowitz gezählt. Der Ort wurde noch im selben Jahr von der Industriegewerkschaft Wismut nahezu in Besitz genommen. Sie machte Zinnowitz zum Erholungsort für die im Erzgebirge tätigen Bergarbeiter der gleichnamigen Sowjetisch-Deutschen Aktien-Gesellschaft. Die SDAG Wismut betrieb den Abbau der ostdeutschen Uran-Lagerstätten und gehörte zweifellos zu den reichsten Betrieben im östlichen Deutschland. Mit ihrer Hilfe und auf Gemeindekosten entstanden Kanalisation, zentrale Wasserversorgung, neue Wohn- und Erholungsheime, Schwimmhalle, gastronomische Einrichtungen, neue Schulgebäude und das "Roter Oktober" (heute "**Baltic**") genannte wahrscheinlich größte Urlauber-Hotel an der Ostseeküste der damaligen DDR. Im Baustil jener Jahre errichtete sie das größte **Kulturhaus** im Westteil der Insel mit einem 900 Besucher fassenden Kino- und Theatersaal, zahlreichen Klubräumen und einem großen Tanz- und Konzert-Café. Mit zahlreichen Gastspielen von Solisten und Ensembles aus den östlichen Metropolen, von der Mailänder Scala, der Grand Opera Paris und dem Indischen National-Ballett stellte das Haus zweifellos für viele Jahre einen kulturellen Mittelpunkt der Insel dar.

Seine hervorragenden Sportanlagen machten Zinnowitz auch zum nationalen Trainingszentrum für einige Sportarten. Einwohnern und Urlaubern jedoch waren Besuch oder Benutzung dieser speziellen Anlagen weitgehend verschlossen.

Nach der Wende vom Herbst 1989 und der Selbstauflösung der IG Wismut war diese besondere Entwicklung von Zinnowitz zu Ende. Das Seebad steht heute allen Besuchern weit offen. Auf jeden Fall gehört Zinnowitz an der Ostsee und auf der Insel Usedom zu den attraktivsten Kur- und Erholungsorten. Wer allerdings künftig in **Schwabes Hotel** nächtigen und seine Ferien verbringen wird, hängt auch davon ab, wie wenig das berühmte Seebad sein Licht unter den Scheffel einer widersprüchlichen Vergangenheit stellt.

Zempin

Im Laufe der Jahrtausende hat die Insel, geformt durch das Meer und seine Sturmfluten, den Wind und seine Dünenverschiebungen und Sandaufhäufungen, ihre heutige Gestalt angenommen. Zu dieser Gestalt gehört die einer Wespentaille vergleichbare schmale Landbrücke, durch die der kleinere westliche Inselkern mit dem größeren östlichen verbunden wird. Auf dieser Landbrücke zwischen Ostsee und Achterwasser liegen drei Badeorte mit durchaus unterschiedlichem historischen Werdegang. Gemeinsam ist ihnen die reizvolle Waldstrecke an der Meeresküste. Gemeinsam sind ihnen auch die reichhaltigen Segel- und Wassersportmöglichkeiten am Achterwasser. Der in unmittelbarer Nachbarschaft von Zinnowitz am weitesten westlich gelegenene Ort auf der Wespentaille der Insel ist Zempin. Bodendenkmalpfleger fanden hier einen Arbeitsgegenstand und Gefäßscherben aus der Zeit der Bandkeramiker. Das beweist immerhin die Anwesenheit von Menschen schon vor 5 000 Jahren. Ob sie hier auch siedelten, ist ungewiß. Auch die ältesten Urkunden der pommerschen Herzöge, die diesen Teil der Insel betreffen, nennen keinen Ort Zempin. Eine Ansiedlung dieses Namens taucht erstmalig in der Wasserordnung vom 4. Juli 1571 auf, in der die herzogliche Kanzlei festlegte, daß neben Koserow und Ückeritz auch das Dorf Zempin Pacht zu zahlen und dem herzoglichen Hof zwei Kähne Fisch zu liefern hatte.

Danach nennt zweihundert Jahre lang keine Urkunde den Ort beim Namen. Das geschah erst wieder 1783, als die preußische Regierung dort die Einrichtung einer Schulhalter-Stelle für notwendig erachtete und einen Schneider namens Michael Hellert damit beauftragte, die Zempiner Kinder zu unterrichten. Dabei durfte er ruhig seine Hosen und Röcke weiternähen, was die Hochachtung für seinen Nebenberuf und das Zutrauen der Eltern in seine pädagogischen Fähigkeiten offensichtlich erheblich beeinträch-tigte. In der amtlichen Matrikel über den Schulhalter heißt es nämlich, daß von vier Schulkindern drei "unordentlich" seien, daß drei Elternteile nicht einmal das jährliche Schulholz zum Heizen lieferten und vier Kinder überhaupt nicht zur Schule gehen wollten. Danach muß die Regierung tätig geworden sein und der Schulhalter den nötigen Respekt verschafft haben. 1787 erhöhte sie sein Gehalt, gewährte ihm freie Wohnung und erlaubte ihm, sein Vieh kostenlos auf den Gemeindewiesen zu weiden.

Erst sechzig Jahre später, diesmal in den Schlagzeilen der Zeitungen, ist von Zempin wieder die Rede: Am 10. Februar 1847 durchbrach das Meer bei dem bisher größten Sturmhochwasser die "Wespentaille" der Insel zwischen Zempin und Koserow und fegte das dort gelegene sogenannte Vorwerk Damerow mit seinen zwei Wohnhäusern, Stall- und Scheunen-gebäuden ins Achterwasser. Heute schützt ein hoher, von Zempin bis Koserow reichender **Deich** diese schmalste Stelle der Insel, und in der Nähe des reizvollen Hotel-Restaurants **Forsthaus Damerow** erinnert ein **Gedenkstein** an die damalige Katastrophe.

Immerhin erfreute sich das Dorf kurzzeitig der Aufmerksamkeit der Regierung. Der Königliche Rentmeister und Amtsrat Gadebusch, nebenbei auch ältester Chronist der Insel Usedom, nahm es erstmalig 1850 in seine "Beiträge zur Kunde Pommerns" auf und beschrieb es sorgfältig als "Bauern- und Fischerdorf am Achterwasser und unweit der Ostsee, dreieinhalb Meilen nordwestlich von Swinemünde gelegen und nach Coserow eingepfarrt". Gadebusch war Statistiker, an seiner Aussage stimmt alles, auch die kirchenamtliche Feststellung - bis heute hat Zempin kein eigenes Gotteshaus. Fünfzig Jahre wird es wieder still um Zempin; erst von 1900 finden sich wieder Berichte, daß "die Fischerdörfer rund um Koserow" der dortigen Kirche als Dank für einen ertragreichen Fischzug einen Kronleuchter stifteten (den man noch heute an gleicher Stelle bewundern kann).

Während "dreieinhalb Meilen" weiter östlich Swinemünde und Heringsdorf zu Bädern von internationalem Rang avancierten, betrieben die Zempiner außer dem obligatorischen Fischfang nur Ackerbau und Viehzucht. In den großen deutschen Bäderführern taucht der Name Zempin nicht auf.
Erst die zwanziger Jahre beendeten diesen Dornröschenschlaf, und der Ort Zempin geriet in den Ruf, ein Domizil der Ruhe zu sein.
1930 bezeichnet der große deutsche Bäderführer den Ort bereits als "Dorf und Ostseebad" und empfiehlt einen Bootsausflug zum Vineta-Riff, "wo die versunkene Stadt auf dem Meeresgrunde liegen soll".
Die Fischer, Bauern und Kleinhandwerker von Zempin eiferten ihren östlichen Nachbarn nicht nach. Sie richteten weder Spielcasinos noch große Tanzsäle ein, führten keine mächtigen Hotelbauten auf, sondern vermieteten lediglich die Stuben und Wohnungen, die sie entbehren konnten, manchmal mit, manchmal ohne Pension. Hotels im eigentlichen Sinne gab es nur drei. Zempin legte Wert auf seinen dörflichen Charakter und hat ihn sich zum eigenen Vorteil bis heute bewahrt.
Im Zweiten Weltkrieg teilte der Ort das Schicksal seiner Nachbarn und wurde zum Wohngebiet der "Peenemünder".
Auch die Nachkriegsentwicklung verlief ähnlich wie in anderen Inselorten. Während in den frühen Jahren das staatliche Reisebüro noch Privatquartiere in Zempin vermitteln konnte, wurde dessen Einfluß immer mehr zurückgedrängt. Schließlich besaß es in Zempin noch vier Ferienplätze, der gewerkschaftliche Feriendienst dagegen gebot über mehr als hundertmal soviel.
Die Monopolstellung des Feriendienstes verhinderte eigene Initiative und setzte dem kommunalen Interesse am weiteren Ausbau des Ortes Grenzen. Allerdings ging auf diese Weise auch die Beschlagnahmungs- und Enteignungs-"Aktion Rose" an Zempin vorüber: Hier gab es keine großen Hotel- und Pensions-Objekte, die man sich hätte einverleiben können.
Dafür richteten in dem ruhigen Ort zahlreiche Industriebetriebe und Betriebsgemeinschaften zum Teil sehr komfortable, stilgerechte Ferienhäuser ein, die bis zum Schwimmbad z. T. hervorragende Innenausstattungen aufweisen. Nach 1990 wechselten die meisten von ihnen die Besitzer. Zempin ist attraktiv geblieben für alte und neue Besucher.

Koserow

Ursprung und Geschichte von Koserow, einem der ältesten Orte an der Küste der Insel Usedom, sind voller Doppeldeutigkeiten und Geheimnisse. Einige seien hier genannt: Lag Vineta tatsächlich vor Koserow? Lebte die legendäre Bernsteinhexe wirklich? War der Koserower Streckelsberg wahrhaftig ein Schlupfwinkel Klaus Störtebekers?
Die Rätsel um diesen zweifelsfrei wendischen Ort beginnen schon bei seinem Namen. Er kann ebensogut von dem Wort Amsel = "kos" wie von dem Wort "koze" = Ziege abgeleitet sein. Würde man diese Begriffe in unsere Sprache übertragen, käme man also erneut in Zweifel: War Koserow nun der "Amselort" oder das "Ziegendorf"?
Begnügen wir uns mit Koserow!
Ähnlich wie mit dem Namen steht es mit der Vineta-Sage. Der Streit um den Standort dieser offenbar frühmittelalterlichen Stadt, die des Hochmuts

und der Raffgier ihrer Bewohner wegen von Gott verdammt und vom Meer verschlungen worden sein soll, hat bis in die Gegenwart die Gemüter erhitzt. In Steinansammlungen auf dem Meeresgrund vor Koserow, die als Vineta-Riff bezeichnet wurden, glaubte man die Regelmäßigkeit von Straßenzügen und Häuserzeilen zu erkennen. 1827 erfuhr diese Vermutung eine sozusagen "allerhöchstamtliche" Bestätigung, als der damalige preußische Kronprinz und spätere König Friedrich Wilhelm IV. "in persona" das Vineta-Riff besichtigte. Der literatur- und geschichtsbeflissene Koserower Pfarrer Wilhelm Meinhold hatte zu diesem Zweck auf den damals noch aus dem Wasser ragenden Steinansammlungen eine Kanzel errichten lassen, auf dem er die Königliche Hoheit "über den Trümmern von Vineta" formvollendet willkommen hieß. In den folgenden Jahrzehnten und besonders in den letzten vierzig Jahren hat sich die Auffassung verstärkt, daß Vineta mit der einstigen frühmittelalterlichen Großstadt Julin identisch sei, deren Reste von polnischen Archäologen auf der Nachbarinsel Wollin freigelegt werden. Diese Identität ist jedoch umstritten und nicht nachweisbar. So bleibt den Koserowern nach wie vor die ihnen ans Herz gewachsene Legende, die sie mit aller Intensität pflegen: Straßen, Häuser, Pensionen führen Vinetas Namen. Selbst das Kruzifix der in der zweiten Hälfte des 13. Jahrhunderts entstandenen und im 15. Jahrhundert erneuerten **Kirche**, das von Koserower Fischern aus dem Meer gefischt wurde und eindeutig skandinavischer Herkunft ist, wird als **Vineta-Kreuz** bezeichnet.
Der schon erwähnte Koserower Pfarrer Wilhelm Meinhold, der von 1821 bis 1827 an der dortigen Kirche wirkte, war bei der Aufarbeitung alter Akten und Kirchenbücher auch auf Dokumentationen zu mittelalterlichen Hexenprozessen gestoßen. Im Stil tagebuchartiger Aufzeichnungen verfaßte er einen Roman unter dem weitläufigen Titel: "Maria Schweidler, die Bernsteinhexe, der interessanteste aller bisherigen Hexenprozesse, nach einer defekten Handschrift ihres Vaters, des Pfarrers Abraham Schweidler in Coserow auf Usedom", der nicht nur zum erfolgreichsten pommerschen Roman des 19. Jahrhunderts wurde, sondern sich bis in die Gegenwart bei vielen Lesern ungebrochener Beliebtheit erfreut.
Erzählt wird die Geschichte eines Koserower Mädchens, das an der Steilküste des Streckelsberges erhebliche Mengen Bernstein fand, der anderen verborgen blieb. Man vermutete Hexerei, klagte sie vor dem Amtsgericht in Pudagla an und verurteilte sie zum Tode. Auf dem Wege zur Richtstätte wurde sie von dem Junker Rüdiger von Neuenkirchen auf Schloß Mellenthin gerettet, der Prozeß als hinterhältige Bösartigkeit entlarvt und das Urteil aufgehoben. Der Junker selbst heiratete Maria Schweidler und zog mit ihr nach Mellenthin. In der dortigen Kirche befindet sich ein 1930 freigelegtes Fresko, von dem der Junker und seine Frau hemiederblicken. Diese Dame soll Maria Schweidler sein; andere Dokumente sprechen allerdings von einer Adligen namens Ilsabe von Eickstett, was zwar wahrscheinlicher, aber nicht romantischer ist.
Was nun die Störtebeker-Legende angeht, so bot der 61 m hohe, als Vorsprung in die See hereinragende, **Streckelsberg** tatsächlich ein geeignetes Versteck für Seeräuberbeute, und seine Höhe reichte aus, um von

Koserow, spätgotischer Schitzaltar

Beobachtungsständen aus rechtzeitig Handels- und Kriegsschiffe auszumachen.

Soweit die literarisch interessanten und historisch oft umstrittenen Koserower Geschichten. Gewiß haben Meinholds Aktivitäten schon im vergangenen Jahrhundert dazu beigetragen, Koserow zu einem reizvollen Ausflugsziel zu machen. Neunzehn Jahre nach dem Besuch des Kronprinzen und drei Jahre nach Erscheinen der "Bernsteinhexe" kamen 1846 die ersten Badegäste, hauptsächlich aus Anklam und Stettin. Sie reisten auf Booten und mit Pferdefuhrwerken an und waren gehalten, alles Nötige mitzubringen und für ihren Lebensunterhalt selbst zu sorgen. Der Ort war ruhig und abgeschieden und bot eine unberührte Natur. Das reizte die Leute und unterschied Koserow von den Modebädern im Osten der Insel. Im Jahre 1851 bildeten, diese Chance erkennend und nutzend, ein Lehrer, ein Gastwirt und zwei Koserower Bürger eine Bade-Genossenschaft, die in den Jahren darauf Badehütten und Badeanstalt am Strand errichteten - damals kamen 90 Gäste in den stillen Ort. 1857 zerschlug die Sturmflut diese Anlagen und ließ auch die Genossenschaft auseinanderbrechen. Nur der Gastwirt Beyer gab die ursprünglichen Pläne nicht auf: Er baute seinen Gasthof zum Hotel aus und verzagte auch nicht, als ein Feuer das neue Etablissement vernichtete. Er stellte das Haus, diesmal zweistöckig und mit ausreichenden Gästezimmern, sofort wieder her, beantragte selbst den offiziellen Badekonsens für Koserow, den die Provinzialregierung 1858 auch gewährte. Er gilt deshalb als der eigentliche Gründer des Seebades Koserow.

Natürlich hieß Beyers Urlaubsdomizil "Zur Stadt Vineta"!

Für das 1347 erstmalig urkundlich erwähnte Cuzerowe begann mit Beyers Initiative eine neue Zeit. Besonders nach dem Bau der Eisenbahnlinie, die seit 1911 das östliche Swinemünde mit dem westlichen Wolgast und damit auch Koserow mit dem deutschen Eisenbahnnetz verband, stieg die Zahl der Besucher rapide an: Von 844 Gästen zu Beginn des Jahrhunderts kletterte sie noch vor dem Ersten Weltkrieg auf 3 265. Schon vorher hatte eine rege Bautätigkeit zur Errichtung von attraktiven Hotel- und Erholungsbauten, wie dem Kursanatorium des Dr. Parow, dem Hotel "Seeblick" und der imposanten **Villa Maria** (heute Sitz der Gemeindeverwaltung) geführt. Am Strand waren Herren-, Damen- und Familienbadeanstalten entstanden, die schon 1904 in den Besitz der Gemeinde übergingen und deren Kassen füllten. Diese Gelder ermöglichten im Jahre 1928 die Errichtung eines 100 Meter langen Seesteges und zwei Jahre später den Bau eines Seewasser-Warmbades. Koserow erfreute sich einer solchen Beliebtheit, daß die sommerliche Besucherzahl ein Jahr vor dem Zweiten Weltkrieg auf 10 873 gestiegen war.

Die Nachkriegsentwicklung verlief ähnlich wie in den anderen Badeorten der Insel - Hauptferienträger wurde der Gewerkschaftsbund. Allerdings erlangte er nicht so einen dominierenden Einfluß wie in den großen östlichen Bädern und Zinnowitz, weil große Hotelbauten fehlten. Nur drei Gebäude, das Hotel "Deutsches Haus," die "Villa Seeblick" und das Sanatorium des Dr. Parow, fielen der berüchtigten "Aktion Rose" zum Opfer und wurden dem Feriendienst zugeschlagen. Damit verfügte er über ein gutes Drittel der Bettenkapazität. Ein weiteres Drittel stand großen Industriebetrieben zur Verfügung, die sich in Koserow neue Ferieneinrichtungen schufen, und das letzte Drittel wurde durch den 1956 eingerichteten Campingplatz abgedeckt, dessen Tageskapazität bei ungefähr 2 150 Besuchern lag.

Die Industriebetriebe "revanchierten" sich für die Bereitstellung von Bauland für eigene Ferieneinrichtungen mit der Hilfe bei der Anlage eines Konzertplatzes und einer Freilichtbühne sowie beim Bau eines Musik-Pavillons, einer Sporthalle, einer Sauna und zwei Kaufhallen.

Im Jahre 1972 richtete der gewerkschaftliche Feriendienst in Koserow ein Dialyse-Zentrum ein, das es nierenkranken Patienten aus der damaligen DDR ermöglichte, gemeinsam mit ihren Familienangehörigen einen Ostseeurlaub zu verbringen, und wie in den anderen großen Bädern waren prophylaktische Winterkuren Bestandteil des Fremdenverkehrs. Dies führte dazu, daß die Koserower Urlauberzahl sich ständig erhöhte und im Jahre 1986 mit 49 996 Gästen ihren bisherigen Höchststand erreichte.

Daß der vorläufige Rückgang der Besucherzahlen nach der Wende vom Herbst 1989 nicht anhält, dafür bürgen die reizvolle Lage Koserows und seine Sehenswürdigkeiten.

Am Ortsrand des Seebades ziehen vor allem zwei museale Einrichtungen immer wieder Scharen von Besuchern an. Es sind dies die sorgfältig restaurierten und zum Teil neu errichteten **Salzhütten** im westlichen Dünengelände, wo die Fischer einst nach strengen Vorschriften die Heringe in Fässern einsalzten und dann versandfertig verpackten, und der Garten und das **Gedenk-Atelier Otto Niemeyer-Holsteins** in Lüttenort. Niemeyer (1896-1984) gehörte zweifellos zu den bedeutendsten deutschen Malerpersönlichkeiten des 20. Jahrhunderts. Im Jahre 1932 ließ er sich in einem ehemaligen Berliner S-Bahn-Wagen hier nieder und wirkte an diesem Ort fünfzig Jahre lang bis zu seinem Tode (Grabanlage auf dem Friedhof in Benz). Der von ihm selbst angelegte Garten mit dem immer wieder durch Anbauten erweiterten eigenwilligen Domizil, das Atelier TABU und die stille Wiesenlandschaft am Achterwasser machen den Niemeyer-Komplex zu einem der schönsten Punkte Koserows.

Loddin und Kölpinsee

Ebenfalls am Achterwasser gelegen ist das benachbarte Loddin. Das ursprünglich Loddino = Dorf an der Lachsbucht genannte Gemeinwesen war zu Zeiten des Dreißigjährigen Krieges schon 350 Jahre alt. In diesen Zeiten geschah es, daß Wallensteinsche Truppen ein nördlich von Loddin gelegenes Dorf namens Colpin oder Cölpin überfielen, ausraubten und bis auf die Grundmauern niederbrannten - von dem Dorf am Kölpinsee blieb nichts als eine rauchende Trümmerwüste. Auch Loddin war nach den ständig wechselnden militärischen Besatzungen und dem Sieg der Schweden im Dreißigjährigen Krieg nur noch ein kläglicher Ruinenrest. Schließlich übereignete Königin Christine den Ort und Güter in Mölschow und Neeberg 1652 ihrem Oberst Joachim von Radecke, bei dem sie erhebliche Schulden hatte. Nachdem die Obristenfamilie 1705 ausgestorben war, setzte die schwedische Regierung einen Christian Sievert als neuen Pächter ein, der Loddin Jahre lang erfolglos bewirtschaftete, die Pacht deshalb für 100 Taler pro Jahr an einen gewissen Steffen Wulfgram abtrat, der es dann zwei Jahre nach dem Stockholmer Frieden von 1718 in preußischen Besitz überführte. Nun war Loddin zu einem sogenannten Vorwerk und einer Staatsdomäne geworden, die keinem ihrer Pächter Glück und der preußischen Regierung nur Sorgen einbrachte. Die beschloß dann auch, es nach den napoleonischen Kriegen zu verkaufen. Der Loddiner Ortsschulze und drei einheimische Bauern erwarben die ungeliebte Besitzung für 1 000 bare Taler und eine jährliche Ablösungssumme von 379 Talern. Nach der Revolution von 1848 schließlich wurde Loddin am 5. Dezember 1853 aufgeteilt und an die einzelnen Bauern vergeben. Aus der Staatsdomäne war ein Bauerndorf geworden.

Kurz vor der Jahrhundertwende, als die östlichen Bäder schon florierten, beschlossen die Loddiner, sich ebenfalls den Fremdenverkehr als neue Einnahmequelle zu sichern. Dort, wo die Wallensteinschen Truppen einst das Dorf Cölpin in Schutt und Asche gelegt hatten, errichteten sie 1895/96 das Restaurant "Seerose" und die Pension "Wald und See". Beide Häuser waren nicht imstande, den ständig wachsenden Besucherstrom aufzunehmen, und so entstanden nach dem Ersten Weltkrieg zahlreiche neue Pensions- und Hotelbauten. Diese landschaftlich herrlich gelegene "Kolonie Kölpinsee" erhielt am 31. Mai 1911 Anschluß an das Eisenbahnnetz, aber keine kommunale Selbständigkeit. Selbst als schon Badeanstalten und Seebrücke den Strand zierten und die Kolonie mit elektrischem Strom versorgt war, lehnte die Provinzialregierung in Stettin solch Ansinnen der Gemeindeväter ab: Der Beschluß vom 24. November 1925 hat noch heute Gültigkeit. Das Seebad Kölpinsee ist nach wie vor kommunalpolitisch an die Gemeinde Loddin angeschlossen. Das hinderte den Bürgermeister nicht daran, seinen Amtssitz schon 1927 von Loddin nach Kölpinsee zu verlegen und ein Haus zu erbauen, in dem er neben seinem Büro auch das Standesamt und die Post unterbrachte. Zehn Jahre später konnten in Kölpinsee offiziell schon 40 Hotels und Pensionen registriert werden, in denen hauptsächlich großstadtmüde Berliner ihren Urlaub verbrachten. Darunter waren auch Leinwandstars jener Jahre wie Willi Fritsch und Lilian Harvey, Hans Söhnker, Anni Ondra, Brigitte Horney und Grete Weiser. Diesem Aufschwung setzte der Zweite Weltkrieg ein Ende.

Nachdem Hotels und Pensionen zuerst von Flüchtlingen besetzt worden waren, begann Ende der vierziger Jahre wieder der normale Urlauberverkehr, der hier zuerst vom Reisebüro, in zunehmendem Maße aber vom gewerkschaftlichen Feriendienst dominiert wurde. Letzterer erbaute in den siebziger Jahren das moderne Ferienheim **Kölpinshöh**, und zahlreiche Industriebetriebe schufen sich ihre eigenen Ferienunterkünfte. In den letzten Jahren vor der Wende 1989 erreichte der Ort eine Urlauberzahl von mehr als 24 000 pro Saison und geriet auf diese Weise und hauptsächlich seiner vielbesuchten herrlichen Umgebung wegen in die Kategorie der großen Badeorte.

Ückeritz

Als zu Beginn der dreißiger Jahre die einschlägigen Reiseführer den Ort Ückeritz als "das waldreichste Seebad auf der Insel Usedom" priesen, war das Bauern- und Fischerdorf zwischen Achterwasser und Ostsee schon siebenhundert Jahre alt. Ein bronzezeitlicher Hortfund, urgeschichtliche Gefäßreste, jungslawische und frühdeutsche Keramik belegen jedoch eine viel frühere Besiedlung des Gebietes.

Wie das Fischerdorf Kamminke am südlichen Haff und das inmitten des östlichen Inselkerns gelegene Garz (heute vor allem als Flughafen Heringsdorf bekannt) gehört Ückeritz zu den ältesten Ortschaften der Insel. Seine erste urkundliche Erwähnung erfuhr es allerdings erst im Jahre 1270, als der Kamminer Bischof den Zehnten von Ukertz (= Ückeritz) beim Kloster Grobe (in der Nähe der Stadt Usedom) gegen ein Dorf bei Naugard eintauschte. Zweiundzwanzig Jahre später scheint das Dorf einem Mann gehört zu haben, welcher "der kleine Tetzlaw" genannt wurde und es zu diesem Zeitpunkt an die Klosterbrüder von Grobe verkaufte. Diese wiederum verpflichteten nach ihrem Umzug nach Pudagla die Bauern von Ukertz dazu, durchreisende Kaufleute, Mönche und die Boten der Herzöge aufzunehmen und zu beköstigen, wenn sie auf dem Strandweg den Ort passierten. Den dafür empfangenen "Gotteslohn" hatten sie an das Kloster abzuliefern. Darüber beschwerten sich die Bauern in der herzoglichen Kanzlei, und der Landesherr löste das Problem auf professionelle Weise. Zu Weihnachten 1388 ordnete er an:

"Wir bekennen, daß wir nach dem Rat des Abtes von Pudagla gestatten, daß Heinrich Netzeband soll bauen einen Krug bei dem Wokenin bei dem Strande um armer Leute willen, die da wandern und warten und Not leiden um der Herberge willen".

Arme Leute scheinen die Durchreisenden jedoch nicht gewesen zu sein, denn immerhin haben die Nachfolger Netzebands 250 Jahre lang ein glänzendes Geschäft mit dem ersten "Hotel" von Ückeritz gemacht. Im Dreißigjährigen Krieg ging der Krug zugrunde, und am heutigen Wockninsee finden sich keinerlei Hinweise mehr, wo er gestanden haben könnte. Im dichten Waldrevier von Ückeritz jagte Herzog Wartislaw V. noch Hirsche und Wölfe, und selbst 1734 wurde für das Forstgebiet ein spezieller Wolfsjäger angestellt, der aber schon sechs Jahre später alle grauen Räuber ausgerottet hatte. Ückeritz lag am Achterwasser und nicht an der Ostsee. Dort richteten die örtlichen Fischer jedoch im 18. Jahrhundert den **Fischerstrand** ein, um auch im Meer ihrem Gewerbe nachgehen zu können. Selbst als um die Jahrhundertwende der Fremdenverkehr aufgenommen und nach und nach das sogenannte **Villenviertel** erbaut wurde, dehnten die Ückeritzer ihren Ort nicht bis an den Fischerstrand aus. Wer dorthin gelangen will, muß noch heute einen kilometerlangen, inzwischen asphaltierten Waldweg entlangwandern, um die Seebadestelle zu erreichen. Dort trifft er auf zwei Restaurants, die **Strandklause** und die **Fischerhütte**. Ein Postamt, Läden und die Rezeption flankieren an dieser Stelle die Eingangspforte zu einem der größten Campingplätze Mitteleuropas, in dessen Besitz sich Ückeritz und Bansin teilen. Von 75 000 Urlaubern, die Ückeritz in den letzten Jahren pro Saison aufzuweisen hatte, entfielen 65 000 auf den Campingplatz, der sich kilometerweit an einer asphaltierten Straße unter Buchen und Mischwald fast bis nach Bansin hinzieht und mit Kino, Geschäften, Tanzlokalen und Sparkasse eher einer Kleinstadt im Grünen gleicht.

Das Seebad selbst hat nicht die Absicht, die Urlauberzahl über 10 000 auszudehnen. Riesige Hotelbauten sind nicht geplant und waren auch vorher nicht vorhanden. Die berüchtigte "Aktion Rose" ging deshalb an Ückeritz vorüber.

Die Achterwasser-Seite des Ortes war seit eh und je ein Paradies der Segler und Wassersportler. Hier sieht der Ort auch seine Zukunft. In diesem Bereich ist eine Finnhütten-Siedlung mit entsprechenden gastronomischen Einrichtungen geplant, die den Wassersportlern und ihren Gästen als Unterkunft dienen kann.

Ruhe und Naturnähe sorgten Anfang der Dreißiger Jahre dafür, daß sich Ückeritz zur Künstlerkolonie entwickelte. Ihr ursprünglicher Begründer war der liberale Rechtsgelehrte Professor Manigk, der mehrmals Rektor der Universitäten von Breslau und Marburg gewesen, den Nazis aber so suspekt war, daß er kein akademisches Amt mehr erhielt. 1932 siedelte er sich in Ückeritz an. Sein Sohn Otto studierte an der Kunstgewerbeschule in Breslau und lernte dort Herbert Wegehaupt kennen. Der heiratete Manigks Schwester Luise und beide besuchten mit ihren Frauen des öfteren Ückeritz. Fasziniert von der Landschaft und den Menschen, beschlossen sie, sich hier anzusiedeln. Das Manigksche Anwesen erwies sich jedoch als zu klein, so daß Wegehaupt sich 1939 ein eigenes Haus baute. 1941 richtete sich die Malerin Karen Schacht ein Haus und Atelier neben Manigk ein. Im Jahre 1942 ließ Manigks Familie sich endgültig in Ückeritz nieder - da war schon Krieg, und die Männer standen an der Front. Als sie zurückkehrten, mußten sie anfangs ein klägliches Dasein in Kauf nehmen. Erst Ende der fünfziger Jahre sorgten staatliche Aufträge für eine einigermaßen sichere Position. Karen Schacht verließ 1953 den Ort und siedelte sich in Hamburg an. Herbert Wegehaupt hatte bereits 1949 einen Ruf an die Universität Greifswald erhalten und war über viele Jahre Direktor des dortigen Instituts für Kunsterziehung. 1959 starb er. Otto Manigk lebte bis zu seinem Tode 1972 in Ückeritz. Beider Söhne, Oskar Manigk und Matthias Wegehaupt, setzten das Werk ihrer Väter als freischaffende Künstler in Ückeritz fort. Ihren Vätern verdankt das Seebad sein heutiges Wappen, das Otto Manigk nach einem Scherenschnitt von Herbert Wegehaupt gestaltete. Beide beförderten nach 1945 auch die Ansiedlung weiterer Künstler: Dazu gehörten Manfred und Susanne Kandt, die sich hier ebenfalls ein eigenes Haus bauten und sich in unmittelbarer Nähe der "Alten" niederließen. Manfred Kandt ist vor allem durch seine baugebundene Kunst bekannt geworden - ein Zeugnis davon ist die Goldene Sonne auf dem Giebel des Seemanns-Hotels in Rostock. Susanne Kandt gehört zu jenen Künstlern, die in den letzten Jahrzehnten durch eigenwillige Bildnisse des Menschen und seiner Verhältnisse in dieser Welt Aufsehen erregten.

Auch die Malerin Vera Kopetz kam durch die "Alten" nach Ückeritz. Ihr Lebensgefährte, der nach 1945 als Direktor der Galerie Neue Meister in Dresden die erste Ausstellung für Manigk und Wegehaupt organisierte, machte sie mit den Ückeritzern bekannt. 1956 erwarb sie ein Stück Waldland nahe dem Weghauptschen Anwesen und konnte 1962 in das neuerbaute Haus einziehen. Gewiß siedelten sich im Laufe der Jahre weitere Künstler auf der Insel an, an der Ostsee ebenso wie am Haff - der Ort Ückeritz aber ist bis heute ein Konzentrationspunkt der bildenden Künste geblieben.

Seebäder Bansin, Heringsdorf und Ahlbeck

Die Küste des östlichen Inselkerns von Usedom wird von drei großen Seebädern beherrscht, die mit ihren Promenaden und Straßen, ihrer nicht unterbrochenen, also durchgängigen Bebauung ineinandergewachsen sind. "Die drei Schwestern", wie sie bisweilen genannt wurden, stellen, wenn auch kommunalpolitisch voneinander getrennt, eine Art regionale Familieneinheit dar.

Gemeinsam ist den drei Orten auch die klassische, vom Ende des vergangenen und Anfang dieses Jahrhunderts stammende Bäderarchitektur, die in dieser einheitlichen Gestalt wohl kaum sonst noch an deutschen Küsten zu finden ist. Lediglich der mittlere Teil der Heringsdorfer Promenade macht da eine Ausnahme. Im Unterschied zu Bansin und Ahlbeck, deren Promenaden durchweg von großen Hotel- und Pensionsbauten beherrscht werden, kennzeichnen ihn vornehme, in weitläufigen und gepflegten Parks versteckte Villen. Von Ückeritz kommend, erreicht der Besucher zuerst das Seebad **Bansin**.

Wie das neue Kölpinsee ist auch dieses Seebad eine absichtsvolle Gründung mit dem Ziel, ausschließlich dem Fremdenverkehr zu dienen. Es ging nicht, wie seine Nachbarn Heringsdorf und Ahlbeck, aus einem schon vorhandenen Gemeinwesen hervor, sondern wurde von Bewohnern des etwa zwei Kilometer landeinwärts gelegenen Dorfes Bansin begründet, die ihrer Neuschöpfung den alten Dorfnamen gaben. Dieser geht auf den wendischen Ortsnamen Banzino zurück, der zum erstenmal 1256 in einem Dokument auftaucht, nach dessen Auskunft die Witwe Gerburg Ra-

Seebad Bansin

Typische Bäderarchitektur, Heringsdorf

mel das Dorf Banzino beim Kloster Grobe gegen einen Ort Ravena eintauschte.
Ungefähr zweihundert Jahre später stritten sich die Mönche mit dem Adligen Hans von Neuenkirchen um die Ortsgrenze jenes Dorfes, das nun schon Bansin genannt wurde. 1434 wird ein Bansiner Ortsschulze namens Johann Labahn als Teilnehmer des sogenannten Schulzengerichts in Katschow erwähnt - Bansin besaß also schon seine kommmunale Selbständigkeit. Nach der Reformation war es mit der Oberhoheit des Klosters Pudagla ohnehin vorbei.
Den eigentlichen Anstoß zur Gründung eines neuen Seebades gaben der großstadtmüde Berliner Hühneraugenoperateur Emil Wichmann, der dem Fischer Frank das einzige in dieser Gegend existierende **Holzhaus** in der **Seestraße 63** abkaufte, das später in den Besitz des bedeutenden deutschen Astronomen Archenhold überging, und der in Sallenthin lebende Schriftsteller Ernst Necker. Beide überzeugten einige Bansiner Einwohner von der Notwendigkeit, eine Genossenschaft zu bilden und mit deren Hilfe am vielbesuchten Ostseestrand ein neues Seebad zu errichten. Sie begannen mit dem Bau von Badehütten am Meeresufer und gewannen den reichen Berliner Handschuhfabrikanten Ahlemann und den ebenfalls vermögenden Zahnarzt Lustig als neue Mitglieder der Genossenschaft. 1896 errichtete der ehemalige Maschinenmeister Heinrich Wille mit dem **Haus Meeresstrand** das erste repräsentative Hotel am Strande. Noch im gleichen Jahr

Seebad Bansin

erbaute Necker das **Strandhaus**, Ahlemann die Villa "Daheim" und der Malermeister Vahl das Haus "Am Waldessaum" in der heutigen Waldstraße.

In der darauf folgenden Saison verzeichnete im Jahr 1897 der gleichzeitig als Ortschronist fungierende Meister Vahl schon 308 Gäste in den neuen Häusern und machte lange vor Aufkommen des Nationalsozialismus klar, daß Bansin sich von "Juden freihalten" wollte. In sozialer Hinsicht setzte sich das neue Publikum denn auch vornehmlich aus Kreisen des Hochadels, der Hochfinanz, des Offiziersbundes und des Diplomatischen Korps zusammen.

Innerhalb nur eines Jahres erbauten Berliner Maurer und Hamburger Zimmerleute die Prachtvillen in der **Bergstraße**, 1906 schon eröffnete der Hoflieferant Winterstein die exklusive Nachtbar **Asgard** für eine Gästeschar, die zu dieser Zeit bereits die Zahl von 6 000 erreicht hatte. Schon 1901 hatte der Ort unter dem Namen "Seebad Bansin" vom Kaiser die kommunale

Selbständigkeit erhalten. Drei Jahre vor dem Ersten Weltkrieg erfolgte der Anschluß an das Eisenbahnnetz. Unter dem Gemeindevorsteher Paul Exß, der das Seebad von 1908 bis 1931 regierte, erlebte der Ort seinen größten Aufschwung: Seebrücke, Reitställe, Cafés, Restaurants und der Musikpavillon entstanden, und bis zum Beginn des Zweiten Weltkrieges galt Bansin als exklusives Seebad der Sonderklasse. Der Krieg beendete die bisher prosperierende Entwicklung und machte nach dem Luftangriff auf Hitlers "Raketennest" auch Bansin zum Wohn- und Aufenthaltsort für die Peenemünder.
Die Entwicklungen der Nachkriegszeit verliefen wie andernorts. Bildeten noch bis in die frühen 50er Jahre hinein "gut situierte" Kreise aus Sachsen und Berlin das Badepublikum, änderte sich diese Situation mit der "Aktion Rose" vollständig. Die beschlagnahmten großen Hotels und Pensionen gingen in die Verwaltung des Gewerkschaftsbundes über, der in den folgenden Jahrzehnten die Monopolstellung im Urlauberverkehr innehielt.
1968 richtete der Malermeister Hans Adomat das Bansiner **Tropenhaus** ein, das zuerst von einer Arbeitsgemeinschaft und schließlich mit Unterstützung der Gemeindeverwaltung in einen hervorragenden Tier- und Landschaftspark umgestaltet wurde. Dem Staatlichen Forstwirtschaftsbetrieb und Schülerarbeitsgemeinschaften unter Leitung des Lehrers Harald Heinz ist der **Naturlehrpfad** in Bansin zu danken, der dem Wanderer weite Strecken des umliegenden Waldes erschließt und mit gut plazierten Informationstafeln über Flora und Fauna dieser reizvollen Küstenlandschaft informiert.
Die Wende von 1989 stellt das renom-

Tropenhaus Bansin

mierte Seebad vor das Problem, aus den zerfallenen Feriendienststrukturen der zurückliegenden vier Jahrzehnte seinen alten guten Ruf wieder neu aufzubauen.

Das benachbarte **Heringsdorf** ist eine wahrhaft königliche Gründung und verdankt seine Ernennung zum Seebad einem von Kaiser Wilhelm I. am 4. Juni 1879 unterzeichneten Erlaß. Aber nicht nur den Status, auch den Namen verdankt der Ort den Hohenzollern: Als Wilhelm noch ein junger Prinz war, besuchte er an der Seite seines Vaters, König Friedrich Wilhelm III., und begleitet von seinem Bruder, dem damaligen Kronprinzen und späteren König Friedrich Wilhelm IV., auf Einladung des Gothener Oberforstmeisters von Bülow dessen kleine Fischerkolonie an der Ostseeküste, um sich mit der Technik des Fischfangs und des Heringseinsalzens vertraut zu machen. Der Besuch war eine Stippvisite und nur möglich ge-

Seebad Heringsdorf

worden, weil König und Prinzen die Festungsanlagen im nahen Swinemünde und in Peenemünde inspizieren wollten. Während die höchsten Herrschaften in Bülows namenloser Fischerkolonie der Heringsverarbeitung zusahen, bat der Gutsbesitzer den Kronprinzen, dem kleinen Gemeinwesen doch einen Namen zu verleihen. Dem fiel, angesichts des vor ihm ausgebreiteten Fischreichtums, nichts weiter ein als "Heringsdorf". Und dabei ist es geblieben. Fünf Jahre nach dieser Namensgebung hatte Bülow schon die ersten Badeanstalten am Strand errichten und auf der Höhe des Kulmberges drei sogenannte Logierhäuser bauen lassen, worunter sich auch das eigene Sommerhaus befand, das ein späterer Besitzer, der Theaterdirektor Gollbach, auf den Namen **Weißes Schloß** getauft hat.

Mit dem Bau dieses Hauses begann die Seebad-Entwicklung des Ortes. Mehrfach war die preußische Königsfamilie dort zu Gast, bis die Gräfin Stollberg, die das Haus von Bülow erworben hatte, vor Saisonbeginn 1867 die Herrscherfamilie wissen ließ, daß sie das Domizil selbst zu nutzen gedenke. Diesen "Rausschmiß" verzieh die Königsfamilie ihr nicht. Von nun

ca. 1 : 15 000

an entzog sie Heringsdorf ihre Huld und suchte sich andernorts ihre "Sommerfrischen".

Erst Kaiser Wilhelm II., der noch als junger Prinz im "Weißen Schloß" zu Gast gewesen war, stellte die Verbindung zu Heringsdorf wieder her. Allerdings hat auch er das "Weiße Schloß" nie wieder besucht, vielmehr logierte er während seiner "Nordlandfahrten" in der imposanten Villa der verwitweten Konsulsgattin Elisabeth Staudt an der Heringsdorfer Promenade. Erst im Jahr 1918 endete diese Beziehung.

Sowohl die **Villa Staudt** als auch das "Weiße Schloß" haben ihr eigenes Schicksal gehabt. Während die "Kaiser-Villa" nach dem Zweiten Weltkrieg zum Ferienheim von Spitzenfunktionären wurde und dann in den Besitz der inzwischen liquidierten Fluggesellschaft Interflug überging, beherbergte das "Weiße Schloß" zuerst eine Parteischule, dann ein Erholungsheim der SED und erhielt den Namen des aus Benz stammenden und während des Krieges wegen "Wehrkraftzersetzung" in Lettland hingerichteten kommunistischen Widerstandskämpfers Fritz Behn. Nach der Wende von 1989 zog die Partei aus, und das traditionsreiche Haus bietet sich als "Weißes Schloß" wieder als Hotel an.

Den Hohenzollern eng verbunden waren die Bismarcks. Einer von ihnen, Valentin von Bismarck, residierte als Kurdirektor im hochherrschaftlichen Heringsdorf und beauftragte 1905 einen als Kunstmaler tätigen Herrn von Buonacorzi, ein Wappen für den Ort zu entwerfen. Der Maler, dem die Namensgeschichte des Seebades bekannt war, schuf als Ortssymbol jenes meerblaue Schild mit den drei silbernen Heringen, das seit dieser Zeit als amtliches Wappen des Seebades Heringsdorf gilt.

Die Beziehungen zu den einflußreichsten Familien des Landes waren dem Ort sicher förderlich. Schon 1846 weilten 400 Gäste der "höchsten Kreise" in Heringsdorf, und ausgerechnet im Revolutionsjahr 1848 ordnete der König den Bau der Heringsdorfer Kirche an.

Fünfzehn Jahre später nahm ein Mann die Geschicke des Ortes in seine Hand, der als der Vater des Weltbades Heringsdorf gelten muß: Dr. Hugo Delbrück.

Als Gründer und Chef der "Aktienge-

Seebad Heringsdorf

Heringsdorf, Strandpromenade

sellschaft Seebad Heringsdorf", die er zusammen mit anderen Berliner Finanzleuten eigens gebildet hatte, trat der reiche Wirtschaftsexperte den Bülowschen Nachfolgern auf dem Rittergut Gothen entgegen. 1872 kaufte er ihnen für die damals gewaltige Summe von 115 000 Talern das gesamte Strandgelände einschließlich der dort vorhandenen Badeeinrichtungen und ganz erhebliche Teile des waldbestandenen Hinterlandes ab.
In Bauparzellen zerlegt, veräußerte er das Land an interessierte Käufer für Höchstpreise weiter. Er baute selbst und ließ bauen. Für den Familienbedarf entstand die **Villa Delbrück** in Kirchennähe, die nach 1945 als Poliklinik diente; für die Amtsgeschäfte ließ er das sogenannte **Lange Haus** aufführen, in dem heute noch die Kurverwaltung residiert. Im Zentrum der Promenade begann 1873 der Bau des Hotels "Atlantic". Das Riesenhotel, unter dem Namen "Kaiserhof - Atlantic" später in der Regie des Kempinski-Konzerns, beherrschte den zentralen Kurplatz des Ortes. Auch nach 1945 galt das Haus, Anfangs Mittelpunkt eines sowjetischen Sanatoriums und danach größtes Ostseehotel des gewerkschaftlichen Feriendienstes, quasi als architektonisches Symbol von Heringsdorf. Knapp hundert Jahre nach seiner Gründung mußte der Komplex, der zu jener Zeit den Namen "Solidarität" führte, abgerissen werden. An seine Stelle traten zwei gesichtslose Bettenhaustürme und ein flacher Restaurationsbau. Nach der Wende ging das nun "Vineta" genannte Ensemble in den Besitz einer hol-

ländischen Firma über, die es unter dem Namen **Kurhotel** weiterführt. Nach Hugo Delbrück war es vor allem sein Sohn Werner, der sich als Chef der Aktiengesellschaft um den weiteren Ausbau des Ortes kümmerte. Die große Rennbahn, die er für 160 000 Mark im rückwärtigen Waldgebiet von Heringsdorf hatte anlegen lassen, wurde 1907 mit großem Aufwand eingeweiht, mußte aber wegen der hohen Kosten schon vor dem Ersten Weltkrieg wieder aufgegeben werden. Auch von der 1891/93 errichteten Seebrücke mit ihrem 500 m langen Seesteg, Motorboot- und Dampferanlegestellen, den reizvollen Aufbauten im Holz-Türmchen-Stil, den Restaurations- und Geschäftseinrichtungen, ist nichts geblieben. Das beeindruckende Bauwerk, dem der Kaiser schon zu Baubeginn den Namen Kaiser-Wilhelm-Brücke verliehen hatte, verlor durch Stürme und Hochwasser in den Jahren des Zweiten Weltkrieges zuerst seinen Ausleger und fiel 1958 einer Brandstiftung zum Opfer.
Flammen vernichteten 1963 auch das ehemalige architektonisch faszinierende und originelle Familienbad in den jetzigen westlichen Kuranlagen, dessen wuchtige Türme mit den roten Mützendächern als Seezeichen hätten dienen können und das nach 1945 unter dem Namen "Strandcafé" als vielbesuchte Tanzgaststätte genutzt wurde.
Viktor Delbrück war es, der im September 1905 den Grundstein zum Bau der sogenannten Bismarck-Warte auf dem Präsidentenberg legte. Nach den Entwürfen des Berliner Architekten Rietz entstand ein 91 m hoher roter Ziegelturm mit Gedächtnishalle im Hochparterre und einer Aussichtsplattform in luftiger Höhe, von wo aus man die gesamte Insel, das Meer bis nach Rügen und das Haff bis an seine Grenzen überschauen konnte. Der Turm war eines der beliebtesten Ausflugsziele und als Ansteuerungszeichen in alle Seekarten eingetragen. Auch die Rote Armee hielt ihn 1945 nicht für ein militärisches Objekt. Als solches wurde er erst 1946 "erkannt" und gesprengt.
Außer der Bezeichnung **Delbrückstraße** blieb kaum eine Erinnerung an jene Männer, die eine ganze Ära in und für Heringsdorf geprägt haben. Die Denkmäler, die ihnen das Seebad an einigen historischen Stellen des Ortes setzte, wurden in den sechziger Jahren rigoros entfernt.
Dr. Werner Delbrück war der letzte Direktor der AG Heringsdorf. Am 3. April 1910 stürzte der leidenschaftliche Ballonflieger mit seinem Gefährt vor Saßnitz ins Meer und fand den Tod.
In der Weimarer Republik, als die Gemeinde alle Anlagen der einstigen Aktiengesellschaft erworben hatte, kamen insbesondere viele Gäste aus den Kreisen der jüdischen Hochfinanz nach Heringsdorf. 1923 erhielt der Ort einen Sportplatz, fünf Jahre später den vielgenutzten **Sole-Brunnen** und 1929 den damals einmalig schönen **Konzertplatz** mit einem neuen **Musikpavillon**.
Zu den Gästen gehörten Schriftsteller und Künstler wie Maxim Gorki und der Sänger Fjodor Schaljapin - das Seebad war ein Dorado der internationalen Prominenz. In den Dreißiger Jahren wurden die jüdischen Gäste vertrieben, deren Heringsdorfer Villen und Geschäfte an "Reinrassige" vergeben. Aber am Glanz des Modebades änderte sich äußerlich nichts.
Nach dem Zweiten Weltkrieg wurde ein Teil des Seebades sowjetisches Sanatorium. Dann trat der gewerkschaftliche Feriendienst seine Herr-

Seebad Ahlbeck

schaft an, der zwar für einen sozialen Wandel unter den Gästen sorgte, sich aber wenig um die Erhaltung der klassischen Schönheit des Kurortes kümmerte.

Unter maßgeblichem Einfluß der zahlreichen bildenden Künstler der Insel erbaute die Gemeinde Heringsdorf im Jahre 1973 im westlichen Teil der Kuranlagen den **Kunstpavillon Heringsdorf**, der jährlich vier bis Monate lang Ausstellungen der Malerei, Grafik, Plastik und Fotografie zeigt.

Der ständige Heringsdorfer "Sommerbürger", der bekannte Forscher Manfred von Ardenne, machte dem Seebad im östlichen Dünengelände eine **Sternwarte** zum Geschenk.

Die Sanierung der Straßen, Restaurants und Geschäfte konnte erst nach der Wende 1989 in Angriff genommen werden. Pläne und Ideen dafür, an den alten guten Ruf anzuknüpfen und den einstigen Standard des berühmten Seebades wieder zu erreichen, gibt es genug.

Über den Namen **Ahlbeck** und seine Herkunft sind sich die Chronisten einig, Ursprünge und Anfänge der gleichnamigen Siedlung selbst liegen im Dunkel der Geschichte, sind kaum

ca. 1 : 15 000

von jenem, der zuerst den pommerschen Herzögen, dann der schwedischen Krone und schließlich dem König von Preußen gehörte. Diese Trennung war für die frühe Ahlbecker Geschichte bedeutungsvoll. Möglicherweise haben schon die mittelalterlichen Herren von Neuenkirchen in Mündungsnähe des Ahlbaches eine Wassermühle errichten lassen. Jedenfalls befand sich eine solche im Jahre 1700 im Besitz des neuen Mellenthiner und Gothener Herren Baron Müller von der Lühne. Diese Mühle konnte sowohl als Getreidemühle verwendet als auch zum Holzsägen umgerüstet werden.

Anfangs war der im Auftrage des Barons tätige Müller Michael Agner der einzige Bewohner dieser Gegend, blieb es aber nicht lange. Wenig später siedelten sich der Fischer Andreas Larsson und der Teerbrenner Ulrich Alman in Bachnähe an. Sie litten offensichtlich keine Not: Allein 1 200 Aale pro Jahr lieferte Larsson dem Gut Gothen für die Pacht des Fischereirechts. Mühle, Sägewerksbetrieb und Teerbrennerei mögen sich wohl auch als gewinnbringend erwiesen haben.

Dennoch blieb die kleine Siedlung, die sich nun der Grundeigentümer wegen schon "Ahlbeck-adlig" nannte, bevölkerungsarm.

Auf der südlichen Seite des Baches ließen sich indessen mehrere Familien nieder, die bereits 1765 einen eigenen Schulzen hatten. Dieser nicht-adlige Teil des neuen Ortes wurde "Ahlbeckköniglich" genannt. Gemeinsamer Treffpunkt war das Mühlenhaus, in dem man nicht nur Bier trinken, sondern auch einkaufen konnte. Die Mühle selbst mußte weichen: Die Bauern des Thurbruchgebietes hatten sich bei Friedrich II. darüber beklagt, daß der

dokumentarisch belegt und in einigen Fällen widerspruchsvoll. Der Name entspricht der Bezeichnung eines Wasserlaufs, der Gothensee und Ostsee verband, reich an Aalen war und deshalb mundartlich "Ahl-Beek" genannt wurde. Auf der berühmten Lubinschen Pommern-Karte aus dem Jahre 1618 wird er "Ahlbach" genannt und die Einsetzung einer Aal-Kiste an seiner Mündung ausdrücklich vermerkt.

Der Ahlbach bildete eine natürliche Grenze. Er trennte den Teil der Gemarkung, der im Besitz der Gutsherren von Mellenthin und Gothen war, vom Mühlwerk verursachte Stau ständig ihre landwirtschaftlichen Nutzflächen überschwemme. Der König ließ also die Mühle aufkaufen und stillegen.

Das ehemalige **Mühlhaus** jedoch, im heutigen Alt-Ahlbeck gegenüber einer Bäckerei gelegen, wurde nunmehr das, was es ohnehin schon lange gewesen war - das offizielle Gasthaus des Ortes. Der allerdings blieb weiterhin geteilt.

Der König siedelte ausgediente Soldaten an, um den Wasserlauf rein zu halten und das Thurbruchgebiet zu regulieren. Ihre Häuser standen etwa im Bereich der heutigen **Lindenstraße**, schräg gegenüber der jetzigen **Gemeindeverwaltung** des Seebades Ahlbeck.

Nach den napoleonischen Kriegen verkaufte der schon mehrfach erwähnte Oberforstmeister von Bülow weiteres adliges Land an interessierte Bewerber. Es waren vor allem Ostseefischer, die das angebotene Territorium erwarben, sich kleine Häuser darauf bauten und Salz- und Packhütten für ihre Fänge anlegten. Zwischen den Häusern liefen Geh- und Fahrwege entlang, die Fischsteg und Flundernweg genannt wurden und deutlich machten, daß die nunmehr ungefähr 400 Bewohner des Doppelortes ihr Gemeinwesen als Fischerdorf betrachteten.

Dies wäre es möglicherweise noch lange Zeit geblieben, wenn der Gutspächter Holtz aus Stolpe bei Usedom nicht 1852 seine Kinder und ihre Erzieherin nach Ahlbeck geschickt hätte, um ihnen das Baden im Meer und die Erholung an der frischen und gesunden Seeluft zu ermöglichen. Rohr für ein Badezelt brachte die Familie gleich mit.

Dieser herrschaftliche Besuch hatte weitreichende Folgen: Der Holtz-Familie folgten in den nächsten 10 Sommern insgesamt 60 Familien hauptsächlich aus Stettin und Berlin. Schon 1858 ließen die beiden Ahlbecker Schulzen Tews und Littner ein rohrgedecktes Badehaus errichten und eine Badeliste anlegen, in die sich bereits 314 Erholungssuchende eintrugen. Diese mußten ihre Betten mitbringen und wohnten "in beschränkten Räumen".

Das änderte sich allerdings sehr schnell. Ein Jahr nach der offiziellen Vereinigung (1882) der beiden Ahlbeck zu einer einheitlichen Gemeinde unter dem tatkräftigen und energischen Gemeindevorsteher Ernst Krüger wurde bereits "Wendickes Hotel" erbaut, das man später zum offiziellen Kurhaus der Gemeinde ernannte. Es bot nicht nur Unterkünfte, sondern verfügte auch über den größten Tanz- und Vergnügungssaal des Ortes (heute heißt es **Meereswelle** und ist im Zentrum des Seebades zu finden). Rasch standen weitere für die Gäste bereit: neben dem Gasthaus "Zum Frieden" die Pensionen "Seeschloß" und "Carola". Die "Flundernwege" und "Fischerstege" ließ Ernst Krüger befestigen, im Jahre 1889 das Familienbad, zwei Jahre später das eigene Gemeindeamt und 1896 das Warmbad erbauen.

Ein Seesteg war errichtet worden; die schon aus Heringsdorf bekannte Herrin des dortigen "Weißen Schlosses", Gräfin Stollberg zu Gothen, schenkte der Gemeinde den Bauplatz für die Kirche. Die Einwohner hatten schon lange Geld für den Bau des Gotteshauses gesammelt, und in der Rekordzeit von nur einem Jahr (1894/95) wurde der Ahlbecker Sakralbau im Stile der Neugotik vollendet!

Seebad Ahlbeck

Als ein Major Dreher im Jahre 1879 die Nachfolge von Ernst Krüger antrat, besaß Ahlbeck als Badeort schon einen Namen. Dreher gab einen Badeprospekt heraus, ließ Kurkonzerte veranstalten, sorgte für Badeärzte und ein neues Damenbad und widmete sich mit besonderer Energie dem weiteren Ausbau der Seebrücke: Auf einer 1898 errichteten Plattform wurden vier hölzerne Türmchen und eine Konzertmuschel errichtet und die einzelnen Teile durch Kolonnaden miteinander verbunden - der weite Innenraum blieb offen. Am 29. Mai 1898 weihte Dreher den neuen Vergnügungsteil der Seebrücke ein. In kurzer Zeit erfolgte ein weiterer Ausbau: Die Plattform erhielt einen Rundgang und einen 300 m langen Ausleger für den Motorbootverkehr. In dem bisher leeren Mittelteil etablierte sich ein Restaurant, das zuerst mit einem Zeltdach überspannt, schließlich aber mit einem hölzernen "Himmel" versehen wurde. So entstand das heutige Bild der Ahlbecker Seebrücke, seltenes, vielleicht sogar einziges original erhaltenes Denkmal der längst vergangenen Seebrücken-Architektur.
In der 1989 eingerichteten und von einer Arbeitsgemeinschaft interessierter Einwohner immer wieder ergänzten **Heimatstube** in der Alt-Ahlbecker Talstraße ist ein Modell der heutigen Seebrücke zu besichtigen. Es kann in seine Teile zerlegt werden, so daß die einzelnen Phasen der Brückenentwicklung dem Besucher ein im wahrsten Sinne plastisches Bild von der Entstehung vermitteln. Überhaupt ist die "Heimatstube" die einzige Seebad-Museum auf der Insel und eine wahre Fundgrube für Heimatforscher. In der stürmischen Entwicklungsperiode vor dem Ersten Weltkrieg bot Ahlbeck seinen Gästen Tennis- und Turnplätze, tägliche Schiffsreisen nach Stettin und Bornholm, 12 Hotels, zahlreiche Pensionen, mehrere Badeanstalten, tägliche Kurkonzerte und "elektrische Lichtbäder" an - was mag das wohl gewesen sein?! Dabei ließ es sich in allen einschlägigen Reiseführern als "deutsches Volksbad an der Ostsee" rühmen, das den Ehrgeiz seiner Nachbarn, ein "Luxusbad" zu werden, keineswegs teile und in dem sich alle Schichten des Volkes "von fürstlichen Persönlichkeiten bis zur armen Nätherin gleichermaßen erholen" könnten. Tatsächlich gelang Ahlbeck etwas, was Zinnowitz nur zaghaft oder gar nicht versucht hatte: Mit relativ niedrigen Preisen entwickelte es sich zum sommerlichen Aufenthaltsort jener mittelständischen Schichten, die sich die teuren Bäder nebenan nicht leisten konnten. Dafür kamen sie in Massen: 1907 betrug die Gästezahl bereits 16 218 Personen. Ahlbeck war tatsächlich zum Volksbad geworden. Diesen Charakter behielt das Bad bei steigender Einwohnerzahl und ständig wachsender Gästefrequenz über die Jahrzehnte bis zum Zweiten Weltkrieg bei. Der unterbrach wie überall die kontinuierliche Aufwärtsentwicklung - auch Ahlbeck nahm nach dem verheerenden Angriff auf das "Raketennest" Peenemünder Militärs, Techniker, Ingenieure und Wissenschaftler auf.
Nach 1945 und der damit verbundenen Abtrennung von Swinemünde wurde Ahlbeck zum Sitz der Kreisverwaltung und des Landrates. Hotels und Pensionen fungierten als Verwaltungsgebäude, aus dem Seebad wurde eine "Hauptstadt". Der Ahlbecker Arzt Dr. Güthenke richtete das erste Infektionskrankenhaus ein, anstelle der damals nicht mehr funktionstüchtigen Eisenbahnstrecken entstand ein

Usedom

zuerst privates, dann verstaatlichtes Busunternehmen, das zum frühen Vorläufer des später "Ostseetrans" genannten Verkehrsbetriebes wurde, der noch heute in Ahlbeck ansässig ist und einen erheblichen Teil des Personen- und Frachtverkehrs erledigt. Nach der Verwaltungsreform 1952/53, als mit der Festlegung neuer Kreisstrukturen die Insel Usedom ihre kommunale Selbständigkeit verlor und das auf dem Festland liegende Wolgast zur neuen Kreisstadt eines ebenfalls neuen Kreises erklärt wurde, zog die Verwaltung um, und Ahlbeck konnte sich wieder auf seine ursprüngliche Bestimmung als Seebad besinnen. Jedoch erfolgte 1953 mit der "Aktion Rose" auch hier ein gravierender Einschnitt in die bisherige Entwicklung. Der gewerkschaftliche Feriendienst beherrschte mit seiner monopolistischen Stellung für Jahrzehnte den Urlauberverkehr und auch die Ortsentwicklung.

Nach der Wende 1989 entfaltete Ahlbeck eine erstaunliche Initiative, um seinen alten Status unter neuen Bedingungen wieder zu erlangen: Ein regelmäßig erscheinender "Ahlbecker Anzeiger" wurde neu herausgegeben; Prospekte, Zimmerverzeichnisse, Unterhaltungsangebote erschienen, und die museale "Heimatstube" spiegelt als ein wahrhaftes Kleinod die Badegeschichte wider.

Usedom

Die größte Anzahl der Urlauber gelangt über die Bäderbrücke von Zecherin auf die Insel und erreichte sie bis zum 28. April 1945 über die damals angeblich modernste Eisenbahnhubbrücke Europas bei Karnin. Beide Brücken wurden gesprengt, die Straßenbrücke jedoch rasch wiederhergestellt. Das monumentale Hubwerk der **Eisenbahnbrücke** steht heute als technisches Denkmal mitten im Peenestrom. Die Besucherscharen jedenfalls, die aus dieser Richtung auf die Insel kommen, passieren immer die älteste und nunmehr auch einzige Stadt, die dem Ostsee-Paradies ihren Namen gegeben hat: Usedom. Die Entstehung und frühe Entwicklung dieses ursprünglich wendischen Gemeinwesens liegen im dunkeln. In den Mittelpunkt norddeutscher Geschichte rückte es erstmals zu Pfingsten des Jahres 1128, als auf dem heutigen **Schloßberg** Herzog Wartislaw I. die vorpommerschen Fürsten versammelte und der deutsche Bischof Otto von Bamberg sie zum Christentum bekehrte. Ein 5 m hohes **Granitkreuz** erinnert heute noch an dieses Ereignis, und eine Tafel aus Kupfer und Bronze verkündet:

"An dieser Stätte nahmen zu Pfingsten 1128 die Führer der Wenden in Westpommern das Christentum an. Gott will nicht erzwungenen, sondern freiwilligen Dienst.
               Otto von Bamberg."

Dreißig Jahre später entstand am Rande der Stadt das Prämonstratenser-Kloster Grobe, das von den Herzögen mit Zoll- und Abgabenrechten, sowie mit der Fischereihoheit auf dem Usedomer See, der Peene und dem Haff belehnt wurde. Als es 1307 in das küstennähere Pudagla umzog, hatten die Herzöge diese Privilegien schon entschieden beschnitten. Mit der Verleihung des Lübischen Rechts zu Weihnachten 1298 erhielt die Stadt nicht nur eine großzügige Schenkung an Ackerland, sondern auch die Fischereirechte auf dem Usedomer See und den angrenzenden Gewässern, die Mühlenkonzesssion und Zollfreiheit

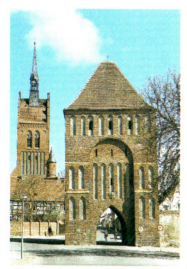

Usedom, Anklamer Tor

in ganz Pommern. Vielleicht waren dies die materiellen Grundlagen dafür, daß sich Usedom im Laufe der Zeit zur angeblich reichsten Stadt in Deutschland entwickelte, die ihren Bürgern nicht nur kommunale Steuern erlassen, sondern auch die erheblichen Kredite zur Verfügung stellen konnte, die zur Errichtung der Seebäder erforderlich waren. Während die Badeorte sowohl von der Größe als auch von der Einwohnerzahl her die Stadt rasch hinter sich ließen, blieb Usedom deren Ein- und Ausgang: Die großen Brücken für Eisenbahn- und Autoverkehr beteiligten die Stadt direkt an der Bäderentwicklung und dem Urlauberverkehr.

Mit niedrigen, sauberen, pastellfarbenen Häusern, dem mittelalterlichen **Anklamer Tor** (1450), in dem das Ortsmuseum untergebracht ist, der mächtigen spätgotischen Stadtkirche, **St. Marien**, neben dem **Rathaus** (18. Jh.) am zentral gelegenen **Marktplatz** und den hervorragenden Möglichkeiten für den Wasser- und Segelsport (Usedomer See, Haff und Peenestrom) ist die Stadt Ausflugsziel und Anlaufpunkt vieler Urlauber und Gäste. Mit zahlreichen gastronomischen Einrichtungen und einem sorgsam gepflegten Äußeren wird Usedom diesen Ansprüchen gerecht.

Wanderungen

Die nachfolgend beschriebenen Routen sind so angelegt, daß sie alle Teile der Insel erfassen. Bei allen Wegstrecken sind sowohl Ausgangs- als auch Zielort durch öffentliche Verkehrsmittel erreichbar. In der Regel kann eine Wanderung unterwegs auch abgebrochen und mit Bahn oder Bus fortgesetzt werden.

Auf der Insel existieren Wanderrouten unterschiedlicher Kategorien. Das sind:

1. der Hauptwanderweg, weißes Quadrat mit blauem Querbalken. Er beginnt in Ahlbeck, folgt der gesamten Ostseeküste und ist an das Netz internationaler Wanderrouten angeschlossen.

2. der Gebietswanderweg, weißes Quadrat mit rotem Querbalken. Ab Ahlbeck berührt er die Haffküste und folgt ihr bis Usedom und den Usedomer Winkel; von dort aus ist er mit Routen auf dem Festland verknüpft.

3. die Ortswanderwege mit unterschiedlichen Markierungen. Der Verlauf ist bei den Kur- oder Gemeindeverwaltungen zu erfragen.

4. die Naturlehrpfade, weißes Quadrat mit diagonal verlaufendem grünen Balken.

Es sei darauf verwiesen, daß die Kommunale Kreisverwaltung Wolgast,

Von Ahlbeck nach Świnoujście

Amt für Tourismus, eine Kreiskarte herausgibt, in die das komplette Netz der Wanderwege eingetragen ist.

1. Von Ahlbeck nach Świnoujście (Swinemünde)

Ahlbeck - Grenzübergang (3 km) - Hafen (3,5 km) - Kurviertel/ Westmole (2,5 km) - Grenze (4 km) - Ahlbeck (3km) = 16 km

Seit der Vereinbarung der Republik Polen mit der BRD über den visafreien Grenzübertritt gewinnen Besuche in Świnoujście (Swinemünde) und auf der Nachbarinsel Wollin wieder an Interesse.

Von **Ahlbeck** aus kommt man zur Grenze entweder über die Swinemünder Chaussee mit einem gut ausgebauten Fußgängerweg oder über die verlängerte Strandpromenade, die durch mehrere Stichwege mit der Hauptstraße verbunden ist. Vom Ahlbecker Busbahnhof fährt regelmäßig ein Bus, der in Bansin eingesetzt wird, zur Grenze und zurück.

Achtung! Der Grenzübergang ist nur für Fußgänger und Zweiradfahrzeuge zugelassen.

Swinemünde ist für Besucher insbesondere durch seinen Hafen, das Kurviertel und den Strand interessant. Über die Wojska Polskiego und die Zymierskiego Marynarska führt der Weg zum Plac wołnoscie.

Hinter dem Grenzübergang schließen sich eine Eigenheimsiedlung und Stadtteile mit vielgeschossigen Häusern an, die viele Baulücken der durch Luftangriffe völlig zerstörten Innenstadt geschlossen haben. An der bereits 1792 erbauten, restaurierten **Christuskirche** liegt der **Plac wołnoscie**, das Zentrum der Stadt. Von hier aus bis zum **Hafen** sind es nur ein paar Schritte. Dort befinden sich am linken Ufer der Świna (Swine) die Anlegestellen der Fähren, die auch Pkw und Lkw an das Ufer auf der Wolliner Seite, nach Warszów (Ost-Swine), transportieren. Von hier aus legen auch Fahrgastschiffe nach Szczecin (Stettin) oder zu Hafenrundfahrten ab. Etwas weiter zur Ostsee hin ankern Hilfsschiffe-Schlepper, Feuerlöschboote, Seenotschiffe und auch große Hochseefrachter.

Die Überfahrt über die Swine ist kostenlos. Von der Fähre aus kann man weite Teile des Hafens gut übersehen. Seeseitig fallen in Chorzelin (Osternothafen) der alte **Leuchtturm** und die riesigen Verladeeinrichtungen für die oberschlesische Steinkohle, die über eine gesonderte Eisenbahntrasse herangeführt wird, auf. Stromaufwärts sind die Anlagen des Odra-Kombinates, eines Fischfang- und Verarbeitungsbetriebes, einer Reparaturwerft und die Abfertigungsstelle der internationalen POLFERRIES-lines, die zwischen Swinemünde und Ystad in Schweden verkehrt, zu erkennen. Unmittelbar am Ufer liegen der **Busbahnhof** und der **Bahnhof** der Eisenbahn. Von hier aus kann man schnell und kostengünstig nach Misdroy (Międzyzdroje), Wollin oder Stettin gelangen. Misdroy ist nicht nur ein traditionell bekannter Badeort, sondern bildet auch den Eingang zum Naturpark Wollin, einem Naturschutzpark mit vielen Sehenswürdigkeiten, z. B. einer Wisentherde.

Auf das Usedomer Ufer zurückgekehrt, lohnt es sich, dem **Museum** von Swinemünde und der **Fischerei** im ehemaligen Swinemünder Rathaus einen Besuch abzustatten. Das Museum liegt an der belebten Geschäftsstraße zwischen den Fähranlegestellen und dem Plac wołnoscie. Es bietet eine Übersicht über die

wechselvolle Geschichte der Stadt. Sie reicht bis in die erste Hälfte des 18. Jahrhunderts zurück. Damals war es Preußen im sogenannten Nordischen Frieden gelungen, die Oberhoheit über einen Teil der im Westfälischen Frieden 1648 an Schweden abgetretenen Gebiete, besonders aber die Oderinseln Usedom und Wollin, zu gewinnen. Damit begann auch ein erbitterter Konkurrenzkampf zwischen Wolgast, das schwedisch geblieben war, und Swinemünde. Schon ab 1740 entstand die Hafenanlage. 1829 konnten die West- und Ostmole, die die Hafeneinfahrt vor dem Versanden schützen sollten, eingeweiht werden. Zum Bau der Molen wurden auch große Teile des vor Koserow gelegenen Vinetariffs "gezangt", so daß es heute schwierig ist, Gültiges über Lage und Größe des Riffs auszusagen. Nachdem Swinemünde im Gefolge des Potsdamer Abkommens polnisch wurde, bildet der Hafen mit Stettin zunehmend eine Einheit.
Swinemünde verfügt über Kur- und Badeeinrichtungen. Vom Stadtzentrum gelangt man über die Bolesława Chobrego oder die Bohaterów Stalingradu durch den **Kurpark** (Park Zdrojowy) an die **Strandpromenade**. Nach Osten hin ist über eine Asphaltstraße die **Westmole** zu erreichen. Trotz ihrer Länge von ca. 1 600 m kann sie die Versandung der Hafeneinfahrt nicht verhindern. So sind ständig Baggerschiffe im Einsatz, um die Fahrrinne für Hochseefrachter freizuhalten. Je weiter man die Mole begeht, um so eindrucksvoller wird der Blick auf die Küsten, die die Oderbucht umschließen. Von Osten grüßen die Steilküsten der Insel Wollin, und nach Westen hin sind die Hügel und Senken von Usedom und die in das Grün der Buchen und Kiefern eingebetteten Badeorte Ahlbeck, Heringsdorf und Bansin zu erkennen.
Die Küstenströmung hat zwischen Strand und Mole eine einzigartige Landschaft entstehen lassen. Durch die ständige Anlagerung ist ein breiter, feinsandiger Strand angeschwemmt worden, den seeseitig viele Wasservögel als Aufenthaltsort und Futterquelle nutzen. Übrigens hat die am Molenkopf stehende **Leuchtbake**, die die Hafeneinfahrt markiert, die Form einer Windmühle.
Wer beim Rückweg das Stadtzentrum nicht mehr berühren möchte, wählt den Weg durch das **Kurviertel**, entlang der **Uferpromenade**, der Słowackiego oder der Sienkiewicza. Dabei sei daran erinnert, daß der Bade- und Kurbetrieb hier bereits um das Jahr 1820 begann. Die Wojska Polskiego erreicht man über viele Verbindungsstraßen.
Noch einige Hinweise für Besucher: Überall in der Stadt, besonders aber am Grenzübergang, stehen preiswerte Taxen zur Verfügung. Die vorhandene Zahl von Wechselstellen - hier Kantor genannt - ermöglicht den vorgeschriebenen Umtausch von Devisen in amtlichen Wechselstellen und schützt zugleich vor unseriösen Straßenhändlern.

2. Rund um den Gothensee

Bahnhof Bansin - Bahnhof Heringsdorf - Bahnhof Bansin - Reetzow (4,5 km) - Ulrichshorst B 110 (6 km) - Korswandt (1,4 km) - Bahnhof Heringsdorf (5,2 km) = 17,1 km

Die Wanderung "Rund um den Gothensee" beginnt am Bahnhof **Bansin** oder bei den Bushaltestellen an der Kreuzung der B 111. Nach der Überquerung der Eisenbahnstrecke auf der nach Benz führenden Straße erreicht

Am Kleinen Krebssee

man linker Hand den Ortsteil Dorf-Bansin. Dorf-Bansin ist die eigentliche Keimzelle des Seebades Bansin, das erst 1897 gegründet wurde. Es gehörte wie später auch das Seebad früher zum Kirchspiel Benz. Daher rührt der Name des Kirchsteiges, der zur **Bergmühle**, einer renommierten und traditionsreichen Gaststätte, führt. Auf ihrem Gelände liegt der sogenannte **Sieben-Seen-Berg**, der einen schönen Blick über weite Teile der Insel Usedom bietet. Von Norden her, wenn auch durch Bäume leicht behindert, kommen die Ostsee, der Schloonsee, der Gothensee, der Kachliner See, das Oderhaff (Stettiner Haff), die Krebsseen, der Schmollensee und das Achterwasser ins Bild. Über die Krebsseen hinweg erblickt man die "Usedomer Schweiz" mit Neu-Sallenthin und dem dahinterliegenden Waldrand. Auch schon frühe Siedler wußten die Lage zu schätzen, und so gibt der Hang zwischen Berg und Krebsseen noch heute Materialien aus der Entwicklungsgeschichte und Lebensweise im Gebiet um Bansin her. Nach der Durchquerung von **Alt-Sallenthin** steigt die Straße nach Benz leicht an, die Wanderstrecke biegt aber links ab in die gut ausgebaute Straße nach Reetzow.

Zur Linken erstreckt sich über mehrere Kilometer das Ufer des **Gothensees**. Er steht unter Naturschutz, weil er vielen Tieren, besonders Wasservögeln, Möglichkeiten zur Brut, zum Nahrungserwerb, manchmal sogar Überleben, gibt.

Die Gegend bis Reetzow ist geschichtsträchtig. Hier gab es noch um die Jahrhundertwende mehrere Großsteingräber. Als Baumaterial für die Eisenbahnstrecke wurden viele zerstört, die letzten fanden in den dreißiger Jahren als Packlage für die Straße nach Reetzow Verwendung. In den Kiesgruben zur Rechten wurde ein riesiger Findling geborgen, der mit Pferdefuhrwerken nach Morgenitz transportiert werden mußte, wo er heute als **Kriegerdenkmal** an der Dorfkirche zu bewundern ist. Der bedeutendste Fund war aber ein Schatz aus Hacksilber 1952. Anhand der vorgefundenen - zerhackten - Münzen konnte nachgewiesen werden, daß auch im Mittelalter Usedom und die Ostseeküste von Handelsleuten bis aus dem fernen Mittelmeerraum besucht wurden. Es erscheint nicht ausgeschlossen, daß die Überlieferung, auf dem sogenannten Rossenthin, einem abgeplatteten Berg am Ufer des Gothensees, habe einstmals ein Raubritter gehaust, auf Wahrheit beruht.

Reetzow erstreckte sich in seinem

Gothensee

Kern einstmals um einen Dorfplatz herum. Eine alte Scheune, Stallgebäude, unmittelbar gegenüber dem Dorfteich, zeigen niederdeutsche Einflüsse auf Architektur und Bauweise.
Am Ortsausgang weicht die Wanderroute von der Hauptstraße ab und führt in das **Thurbruch**. Es stellt sich heute als weite Ebene zwischen Endmoränenzügen dar, die von einzelnen Baum- und Buschgruppen unterbrochen wird. Noch während des Mittelalters muß, wie Chronisten berichten, hier ein wahrer versumpfter Urwald bestanden haben, in dem es auch Bären und Auerochsen gegeben haben soll. Um die wirtschaftlichen Grundlagen für die Entwicklung der umliegenden Dörfer zu schaffen, ordnete die preußische Regierung unter Friedrich II. um 1750 die Trockenlegung des Thurbruchs an. Es entstand ein großer Verbindungsgraben über den Wolgastsee zum Haff. Der eigentliche Hauptentwässerungskanal war der Aal-Bach – die Aal-Beek, den eigens dafür angesiedelte "Colonisten" ständig beräumten. Das Thurbruch selbst durchzog ein regelrechtes Meliorationssystem, von dem der **Knüppelgraben** noch heute seine Aufgaben erfüllt. Gleichzeitig wurde die Colonie **Ulrichshorst** angelegt und mit "Ausländern" aus Schwedisch-Vorpommern und Mecklenburg besetzt. In der Tat unterscheidet sich Ulrichshorst nicht nur dem Namen nach von slawischen Siedlungen, sondern auch dadurch, daß alle Gehöfte auf einer Seite der Straße stehen, ein typisches Reihendorf.
Die meliorierte und bewirtschaftete

Rund um den Gothensee

Wolgastsee

Fläche zwischen Reetzow und Ulrichshorst wird von einem Waldareal unterbrochen. Hier handelt es sich um einen Teil des **Naturschutzgebietes Gothensee-Thurbruch**. Noch in den dreißiger Jahren gehörte das Thurbruch zu den Gebieten mit der artenreichsten Insektenpopulation in Deutschland. Das hing mit den einzigartigen Lebensräumen zusammen. Die Trockenlegung des Bruchs führte zur Veränderung dieser Biotope, begünstigte den Wuchs der Bäume und verdrängte die ursprünglich vorhandene Flora und Fauna. Vor einigen Jahren begann mit ständig sichtbarer werdendem Ergebnissen die Renaturierung dieses Gebietes. So werden der übermäßige Baumwuchs beseitigt und die Abzugsgräben wieder angestaut.
Um zum nächsten Wanderziel, Korswandt mit dem Wolgastsee, zu kommen, gibt es mehrere Möglichkeiten. So zweigt von der Dorfstraße die Straße nach Ahlbeck ab (hier gibt es auch eine Bushaltestelle für alle, die die Wanderung vorzeitig beenden möchten). Nach etwa 1 km erreicht man den Wolgastsee in **Korswandt**. Wer lieber durch die Wiesen und Felder geht, nutzt besser den Landweg, der kurz vor Ulrichshorst links abbiegt und in Korswandt endet.
Der **Wolgastsee** beeindruckt durch seine idyllische Lage. Eingeschlossen von sanften Hügeln und hohen Wäldern, ladet er zum Wandern und Verweilen ein. Er ist trotz der Belastungen der letzten Jahre immer noch ein guter Badesee, der mit seinem sanft abfallenden Ufer an der Badestelle besonders für Kinder geeignet ist.

Rund um den Schmollensee

Auf dem Hof, direkt vor dem Eingang zur Gaststätte, befindet sich ein Naturdenkmal, die **größte Rotbuche** der Insel. In der Nähe des Wolgastsees gibt es an der Straße Haltestellen, von wo aus Busse sowohl in Richtung Ahlbeck-Heringsdorf als auch nach Usedom oder Kamminke verkehren. Nach Heringsdorf führt die Route von Korswandt an der alten Försterei vorbei, immer am Waldrand entlang. Wenig später öffnet sich der Blick auf die **Parchenwiese**, das Niederungsgebiet zwischen Heringsdorf und Ahlbeck. Vor etwa 300 Jahren war hier noch eine sumpfige Niederung mit einigen offenen Wasserflächen, träge durchflossen von der Aal-Beek. Erst nach den schon dargestellten Meliorationsmaßnahmen wurde das Gebiet trockengelegt. Zur Linken führt der Weg fast an das Ufer des Gothensees. Nach Überschreiten der Aal-Beek hält sich die Route aber konsequent rechts (siehe auch Wegweiser). Nach einiger Zeit gabelt sich der Weg. Wer über die Rennbahn gehen und einen Blick von Norden her über das Thurbruch haben möchte, geht am Abzweig nach links. Sie erreichen bald die Asphaltstraße Heringsdorf-Gothen. Von hier aus ist es nur noch ca. 1 km bis Heringsdorf-Schule.
Alle Wanderfreunde, die noch einen Blick über die Parchenwiese auf Ahlbeck wünschen, nutzen den Waldweg am Rande der Wiese. Dieser biegt bald nach links und führt über eine Eisenbahnüberführung linkerhand nach **Heringsdorf**. Die gesamte beschriebene Strecke ist markiert und ab Korswandt auch gut ausgeschildert.

3. Rund um den Schmollensee
Bahnhof Schmollensee - Pudagla (1,6 km) - Benz (3,5 km) - Sellin (2,8 km) - Bansin (2,7 km) = 10,6 km

Die Wanderung beginnt am Bahnhof **Schmollensee**. Man erreicht ihn mit der Eisenbahn und den Buslinien Ahlbeck-Usedom oder Wolgast-Ahlbeck. Der Bau der Strecke Heringsdorf-Wolgaster Fähre begann erst 1910, und auch die Straße nach Pudagla war noch vor 60 Jahren eher eine Landstraße. Die in alten Karten zu findenden Bezeichnungen "Klosterdamm" oder "Badeweg" treffen also den Sachverhalt. In Richtung Pudagla führt die Wanderung durch die sogenannte **Pudaglapforte** oder -senke. Sie bezeichnet das Gebiet zwischen dem Massiv des Langen Berges bei Bansin und den Pagelunsbergen nördlich von Ückeritz, das im Verlauf der nacheiszeitlichen Entwicklung zunächst unter Wasser geriet und später verlandete. Nach rund 1,6 km wird die Beek überschritten, der Bach, durch den das gesamte Schmollenseenbecken entwässert wird. Dahinter liegt **Pudagla**. Zur Deutung des Namens ist ein Blick in die frühe Siedlungsgeschichte sehr hilfreich.
Nachdem germanische Stämme die Region während der Völkerwanderung verlassen hatten, siedelten hier slawische Völker. Ortsnamen, die mit -itz, -ow und -in enden, deuten auf slawische Gründungen hin.
Der Name Pudagla ist abgeleitet von glawa, d. h. Haupt, hoher Berg und pod, d. h. unten, unterhalb. Pudagla bedeutet also: Ort unterhalb des (hohen) Berges. Weiter eingedeutscht wurde aus glawa Glauben. Und so heißt die dominierende Höhe auch Glaubensberg. Das Gesicht des Ortes wird maßgeblich durch die Reste eines durch Jahrhunderte hindurch mächtigen **Klosters** bestimmt.
In den Jahren 1307/09 verlegten Prämonstratensermönche das Kloster Grobe bei Usedom nach Pudagla. Als

Rund um den Schmollensee

Renaissancesteinwappen am Schloß Pudalga

im Gefolge der Reformation die Klöster an die weltliche Herrschaft fielen, errichtete der Pommernherzog Ernst-Ludwig für die Witwe seines Vaters in Pudagla einen Witwensitz (1574). Das Schloß, ein schlichter, langgestreckter und zweigeschossiger Bau und einige wenige Mauerreste sind das einzige, was erhalten blieb.

Auf einem sorgfältig restaurierten Kalksteinrelief an der Vorderwand des Schlosses wird dieser Vorgang noch einmal beschrieben. Der Schloßbau soll übrigens den Besitzer von Mellenthin, Rüdiger Neyenkerken, so angeregt haben, daß er 1575 mit dem Bau eines Wasserschlosses begann.

Vom **Glaubensberg** (38,5 km) genießt man bei guter Sicht einen einzigartigen Panoramablick. Nördlich ist die Pudaglasenke zu übersehen. Über dem Schmollensee hinweg kommen Sellin, Bansin und die Küste von Wollin ins Bild. Im Hintergrund von Sellin überragt Victoriahöh (53 m) die sie umgebenden Erhebungen. Nach Westen hin breiten sich das Achterwasserbecken mit dem Loddiner Höft, dem Gnitz, dem Lieper Winkel und dem Festlandsufer jenseits der Peene aus.

Für naturkundlich Interessierte bietet der Westhang des Glaubenberges interessante Einblicke in Flora und Fauna einer Trockenrasengesellschaft. Es dominieren Kartäuser- und Heidenelke, Grasnelke und Wegwarte bei einem reichen Bestand an Käfern, Libellen "Heuhüpfern" u. v. a.

Um Benz zu erreichen, nutzt man die Straße nach Neppermin. Unmittelbar hinter der alten Schäferei steht eine alte **Bockwindmühle** (unter Denkmalschutz; Haltestelle Stobener Landweg). Nun biegt die Route links ein und erreicht bald das wegen seiner Ruhe und Beschaulichkeit geschätzte **Stoben**, einen Ortsteil von Benz. Bei guter Sicht erschließt sich der Blick auf das südliche Ufer des Schmollenseebeckens mit der Benzer Mühle und dem Heidberg.

Wer es nicht gar so eilig hat und einen der schönsten Ausblicke der Insel überhaupt genießen möchte, biegt nach links vom Stobener Landweg ab, durchquert die Schonungen des Fuchsberges und steht bald auf den westlichen Höhen am Schmollenseeufer. Neben den schon vom Glaubensberg bekannten Pflanzengesellschaften dominieren hier Gräser, Moose und der Ginster. Man braucht nur den Hang hinunterzugehen, um Stoben von anderer Seite aus zu erreichen.

Das Schmollenseebecken ist ein sogenanntes Gletscherzungenbecken. Zum Ende der Kaltzeit hatte der Gletscher hier noch eine "Zunge" ausgestreckt, die nach ihrem Abtauen ein Becken hinterließ, das mit Wasser gefüllt war.

Rund um den Schmollensee

Schmollensee bei Pudagla

Erst im Verlaufe der Jahrtausende ist es verlandet und hat den Schmollensee als Wasserfläche zurückgelassen. Von hier aus wird der See auch wesentlich mit Wasser versorgt. Das Schmollenseebecken ist bald durchquert, und man erreicht das vor über 750 Jahren erstmals urkundlich erwähnte **Benz**. Es ist wohl einer der geschichtsträchtigsten Orte der Insel Usedom. Das resultiert schon aus seiner Lage. Hier kreuzten sich bereits vor Jahrhunderten die Handelswege, die einmal von Ückeritz über Pudagla, Katschow und Garz die großen Sümpfe Schmollensee und Thurbruch umgingen, mit den Wegen, die von Süden her die Küste erreichten. Gleich am Ortseingang liegt die **Kirche St. Petri**, die, im späten Mittelalter erbaut, ebenso als kulturhistorisches Kleinod auf der Denkmalsliste steht wie viele andere der mittelalterlichen Sakralbauten der Insel.
Vorbei am **Denkmal** für den Antifaschisten Fritz Behn, der aus Benz stammte, gelangt man zum Mühlenberg mit der **Windmühle**. Im Gegensatz zur Bockwindmühle wird bei der Holländermühle nur der Kopf mit den Flügeln in den Wind gedreht. Die Mühle war noch bis vor einigen Jahren in Betrieb. Dank der Bemühungen einiger Heimatfreunde präsentiert sie sich heute in einem würdigen Zustand. Vom Mühlenberg aus hat man noch einmal einen guten Überblick über das Schmollenseebecken. Wer eine Rast in gepflegter Gastlichkeit einlegen möchte, begebe sich in die **Thurbruchklause**.
Der Weg führt weiter in Richtung

Rund um den Schmollensee

Windmühle bei Benz

Bansin. Kurz vor dem Ortsausgang wählt man die linke Abzweigung und befindet sich schon bald auf dem Selliner Kirchsteig. Dieser an den Ufern des Schmollensee entlangführende Weg war lange Zeit die günstigste Möglichkeit für Selliner, um zu ihrem Kirchdorf Benz zu gelangen. Bald taucht der Weg in den prächtigen Mischwald ein. Immer wieder öffnen sich neue Bilder - der See mit dem westlichen Ufer, die vielfältigen Baumbestände, die mannigfaltigen Formen und Farben unbelebter und belebter Natur. Kurz vor Sellin empfiehlt sich ein Blick von der Anhöhe, die vor dem Ort liegt. Vor dem Wanderer liegen die Höhen und Senken, die er schon aus anderer Perspektive überschauen konnte. Bei ungünstiger Wetterlage wird aber auch deutlich, warum unsere Vorfahren dem See den Namen Schmollensee gaben. Es entstammt dem wendischen "smola", gleich schwarz. Das versumpfte Seebecken mit seinen Schwarzerlenbeständen rechtfertigt diese Bezeichnung manchmal heute noch.

Ein Besuch **Sellins**, eines Ortsteils Bansins, sollte nicht versäumt werden. Erst Anfang der 50er Jahre an das Elektronetz angeschlossen, gibt es in dieser Region kein Dorfensemble, das in seiner ursprünglichen Geschlossenheit so erhalten geblieben ist. Die alten, oftmals mit Rohrdach gedeckten Häuser mit den schönen Vorgärten werden von den Bewohnern liebevoll gepflegt.

Die letzte Etappe führt durch das Endmoränengebiet der **Usedomer Schweiz** nach Bansin.

Gleich hinter dem Wald liegt zur Linken der **Schulberg**, von dem man eine schöne Übersicht über das reizvolle Gebiet um die Krebsseen hat. Nur 500 m in Richtung NO befindet sich das **Forsthaus Fangel**, das zu einem Abstecher einlädt.

Während der **Kleine Krebssee** der bessere Badesee ist, kommen die Angler auf dem **Großen Krebssee** zu ihrem Recht.

Am gegenüberliegenden Hang erstrecken sich am Waldrand die ersten Häuser von **Bansin**. Nach der Durchquerung von Neu-Sallenthin gelangt man auf der Straße Benz-Bansin nach kurzer Zeit an die belebte Kreuzung der B 111.

Von hier aus sind auf kurzem Weg der Strand, der Bahnhof oder Busabfahrtsstellen zu erreichen. Insgesamt ist diese Route durch das Mit- und Nebeneinander von Naturschönheiten, Zeugen der erdgeschichtlichen Entwicklung und der Zeitgeschichte besonders reizvoll.

Blick vom Langen Berg

4. Zum Naturschutzgebiet Mümmelkensee über den Naturlehrpfad

Bahnhof Bansin - Eingang Naturlehrpfad (0,7 km) - NSG Mümmelkensee (2,5 km) - Steilküste am "Langen Berg" (1,0 km) - Ortsrand Bansin (2,0 km) - Bahnhof Bansin (1,0 km) = 7,2 km

Unmittelbar hinter dem westlichen Ortsrand des Seebades **Bansin** liegt das Waldgebiet des **Langen Berges**. Es erstreckt sich etwa 3,5 km bis zur Pudagla-Pforte, das ist das Verlandungsgebiet zwischen der Endmoräne nördlich Ückeritz-Pagelunsberge, und dem Langen Berg-Gebiet. Der höchste Punkt des genannten Areals liegt bei 54 m über NO und gehört damit zu den höchsten Erhebungen der Region.

Erdgeschichtlich entstand das Gebiet während und nach der letzten Kaltzeit. Sein bewegtes Relief stellt im wesentlichen Reste von Endmoränenbögen und Stauchendmoränen dar. Große Teile sind mit Kiefern-, Fichten- und Lärchenbeständen bedeckt, dort, wo sich Kalk oder Mergel in der Nähe der Oberfläche finden, gedeiht auch die Rotbuche. Durch die Experimentierfreude der Forstleute finden sich überall im Revier Anpflanzungen von Douglasien, Weymouthskiefern, Hickory, Lebensbaum, Sanddorn und anderen.

Für Naturfreunde und Wanderer hat das Gebiet viel zu bieten. Der ständige Wechsel des Reliefs, die interessante Flora und Fauna machen seinen besonderen Reiz aus. An der Steilküste tut sich ein weiter Blick auf das Pano-

rama der Pommerschen Bucht, die Reede für den Hafen Swinemünde und die Nachbarinsel Wollin auf.
Ein besonderes Kleinod stellt das **Naturschutzgebiet Mümmelkensee** dar. Um es Interessenten zu erschließen, wurde der Naturlehrpfad Mümmelkensee eingerichtet.
Vom Bahnhof Bansin kommend, überquert die Route die Bäderstraße B 111 und führt in die Seestraße, die direkt zum Strande geht. Nach ca. 200 m zweigt links der Fischerweg ab, der, am Sportplatz vorbei, am Fischerstrand endet. Etwa 150 m hinter dem Sportplatz leitet ein Hinweisschild den Wanderer zum Lehrpfad. Dieser ist durchgängig mit einem weißen Quadrat mit grünen Diagonalbalken markiert.
Am Eingang macht eine Schautafel mit der Streckenführung bekannt. Am Wegesrand stellen weitere Tafeln die heimatliche Natur vor.
Seine Existenz verdankt das ca. 6 Hektar große Hochmoor dem Eis der Kaltzeit. Von einem relativ kleinem Gletscher wurde hier ein Trog ausgeschürft, der eine Lehmsohle besitzt, die den Wasserabfluß verhindert. Sein Wasserstand wird allein durch natürliche Faktoren geregelt. Da die Entwicklung des Moores weitgehend unbeeinträchtigt durch den Menschen verlief, ist es wissenschaftlich höchst interessant.
Wenn früher die gesamte Senke eine Wasserfläche war, so kündet heute ein Restsee von den Verlandungsprozessen, die noch nicht beendet sind. Pflanzen und Tiere haben ihre Lebensweise dem nährstoffarmen und sauren Milieu angepaßt. Typische Verteter der Flora sind das Torfmoos, der rundblättrige Sonnentau, der Sumpfporst, das Wollgras, die Moosbeere, die Sumpfcalla und andere. Auf dem Restsee ist die gelbe Teichrose, im plattdeutschen auch "Mummel" genannt, die dem Moor den Namen gab, zu finden.
Eine reiche Insektenwelt erfreut nicht nur das Auge, sondern bildet die Nahrungsgrundlage für die zahlreichen Fledermäuse. Auch das Wildschwein ist häufig anzutreffen.
Beim Wandern in dem Naturschutzgebiet ist folgendes zu beachten: Es darf nichts verändert, also auch keine Pflanze vernichtet oder mitgenommen werden, der Naturlehrpfad darf nicht verlassen werden.
Eine gute Beobachtung ermöglicht die vom Forstbetrieb eingerichtete Aussichtsplattform. Eine Besonderheit, die vielen Besuchern auffällt, sind zahlreiche Schlafkästen für Fledermäuse.
In Richtung Küste, vorbei an Beständen von Lebensbaum und Sanddorn, erreicht man den Hauptwanderweg, der mit weißem Feld/blauem Horizontalbalken markiert ist. Nach kaum 500 m weitet sich der Blick. Am Steilufer des Langen Berges reicht die Sicht bei gutem Wetter über die Pommersche Bucht bis zur Reede von Swinemünde, die Ufer der Nachbarinsel Wollin und auf der Gegenseite die Greifswalder Oie, der Ruden und die Halbinsel Mönchgut, den südlichen Zipfel Rügens.
Überall erkennt man hier die Wirkungen von Wind und Wasser. Noch jetzt ist der Hang teilweise überzogen mit kleinen und größeren Bäumen, als Folge der Sturmhochwasser vergangener Jahre. Die See wäscht dann den Fuß des Berges aus, und in die entstehenden Hohlräume bricht das Material des Berges. Vieles wird fortgetragen und an ruhigen Punkten wieder abgelagert. Heringsdorf, Ahlbeck und besonders Swinemünde verdanken ihren

schönen, breiten steinfreien Sandstrand vorwiegend den Küstenströmungen.
Natürlich darf man dem Abtragungsprozeß nicht noch Vorschub leisten. Besonders an den "wilden Abgängen" kann man gut beobachten, welche verheerenden Wirkungen die Zerstörung der dünnen Pflanzendecke am Steilhang hat.
Dem Steiluferhang folgend, nimmt man während der Vegetationszeit im Frühjahr den Duft des verbreiteten Waldmeisters wahr und erfreut sich an Maiglöckchen, Leberblümchen und Veilchen. Überall an der Strecke befinden sich Rastplätze, die es erlauben, Natur und Landschaft in Ruhe zu genießen.
An der einladenden und empfehlenswerten Gaststätte **Langenberg** vorbei erreicht die Route nach ca. 20 min. den Ortsrand von Bansin. Von hier aus führt der Fischerweg zum Bahnhof. Wer aber etwas mehr Zeit mitgebracht hat, sollte sich noch in **Bansin** umsehen.

Koserow, Steilküste am Streckelsberg

5. Zum Loddiner Höft
Bahnhof Koserow - Streckelsberg (1,2 km) - Kölpinsee (1,0 km) - Loddin (2,8 km) - Loddiner Höft (1,2 km) - Bahnhof Kölpinsee (3,0 km) = 9,2 km

Die Wanderung beginnt am Bahnhof **Koserow**. Orientierungspunkt ist der gut sichtbare Streckelsberg. Wer über mehr Zeit verfügt, sollte sich die dem Bahnhof unmittelbar gegenüber liegende **Dorfkirche** ansehen. Der älteste Teil stammt aus der zweiten Hälfte des 13. Jahrhunderts. Sie ist damit die älteste Kirche an Usedoms Ostseeküste. Im Inneren erscheinen der Altaraufsatz von 1678, die Taufschale von 1650 und das Vineta-Kreuz, ein Kruzifix, das aus der versunkenen Stadt Vineta stammen soll, besonders bemerkenswert.
Am Ortsausgang in Richtung Zempin laden die **Salzhütten** zum Besuch ein. Hier wurde bis in die Neuzeit das hoch subventionierte Salz aufbewahrt, das die Fischer zum Einsalzen der Heringe verwendeten. Dank einer Gruppe von Koserower Heimatfreunden konnten diese Zeugen der Geschichte erhalten werden.
Der **Streckelsberg** ist mit 61 m die höchste Erhebung auf Usedom. Dieses aktive Kliff, das wie eine Nase in die See hineinragt, ist durch Wasser und Wind besonders gefährdet. Alle Versuche zu seiner Erhaltung, auch der Bau einer stabilen Schutzmauer Ende des vergangenen Jahrhunderts, haben die Abtragung von Material nicht ver-

hindern können. Vom Streckelsberg bietet sich bei günstiger Wetterlage ein phantastischer Blick auf die Pommersche Bucht, die Küsten von Rügen und Wollin, die Inseln Ruden und Oie. Es sollten nur die befestigten Abgänge von der Steilküste zum Strand benutzt werden, denn jede willkürliche Beeinflussung der Düne schafft neue Angriffsmöglichkeiten für Wind und Wasser.

Dicht vor der Küste, auf dem Koserow/Vineta-Riff, soll der Sage nach die Stadt Vineta gelegen haben, deren Einwohner wegen ihres frevlerischen und würdelosen Umganges mit den Gütern der Menschen durch eine große Sturmflut ihren Tod fanden. Sachliche Grundlage für diese Sage bot zweifellos das Riff, dessen Felsenblöcke so angeordnet gewesen sein sollen, daß man vermeintlich Straßen und Häuserfundamente erkennen konnte. Leider ist das heute kaum noch nachzuprüfen, da die Mehrzahl der Steine "gezangt" und zum Bau der Swinemünder Molen verwendet wurden.

Kölpinsee erreicht man nach kurzer Wanderung über den Weg an der Kliffkante. Der See, nach dem auch Kölpinsee seinen Namen hat, ist ein sogenannter Strandsee. Eine Meeresbucht wurde hier durch das Material, das die Küstenströmung mit sich führte, abgetrennt.

Um nach Loddin zu gelangen, könnte die Hauptstraße gewählt werden. Der interessantere Weg führt allerdings über Wilhelmshöhe. Dazu geht man bis zur Kreuzung mit der B 111, wandert dann ca. 500 m in Richtung Koserow, biegt links in den Landweg ein, der am Saum des Waldes, am Galgenberg vorbei, nach Loddin führt.

Loddin stellt sich als schönes altes Dorf dar, das vor allem durch seine Lage am Achterwasser beeindruckt. Von dort aus ist das **Höft**, eine Halbinsel, die in das Achterwasser hineinragt, schon gut auszumachen. Vom Höft bietet sich eine eindrucksvolle Sicht auf das Panorama des Achterwassers mit seinen Begrenzungen. Es sind gut zu unterscheiden: nach Osten/Südosten - Ückeritz, der Konker- und Rauhe Berg bei Pudagla, der Balmer See mit den Vogelinseln, die Höhen bei Morgenitz; nach Süden - der Lieper Winkel mit Grüssow und Reestow; nach Westen/Südwesten - der Gnitz mit der Insel Görmitz, das Festland mit Lassan und Bauerberg.

Der Rückweg zum Bahnhof Kölpinsee oder ein anderes Ziel führt in jedem Falle wieder über Loddin, da die versumpfte Niederung, das sogenannte Mell, nicht zu passieren ist. Von Loddin aus kann man nun über die Hauptstraße zum Bahnhof gelangen, oder man nutzt einen (markierten) Weg, um über die Niederung hinweg Stubbenfelde, einen Ortsteil von Kölpinsee zu erreichen. Eine sehr schöne Straße verbindet Stubbenfelde mit der Ostseite des Kölpinsees.

Wer direkt nach Koserow gelangen möchte, wählt einen Feldweg, der ab Loddin etwa in Höhe des Friedhofs die B 111 erreicht.

6. Von Zinnowitz über Karlshagen nach Wolgaster Fähre

Bahnhof Zinnowitz - Trassenheide (3,0 km) - Karlshagen (4,0 km) - Zecherin (6,5 km) - Bahnhof Wolgaster Fähre (2,8 km) = 16,3 km

Vom Bahnhof **Zinnowitz** aus erreicht man in nordwestlicher Richtung den Sportplatz Zinnowitz. Für den Wanderer, der von hier aus Trassenheide erreichen möchte, eröffnen sich viele Möglichkeiten, auf guten Wegen

Von Zinnowitz über Karlshagen nach Wolgaster Fähre

dorthin zu gelangen. Eine Variante bietet die Pfarrer-Wachsmann-Straße, eine weitere die in der Verlängerung der Strandpromenade verlaufenden Wege. Schließlich ist es auch reizvoll, direkt am Strand entlangzugehen. In jedem Falle durchquert die Strecke ein Gewirr von nacheiszeitlich gebildeten Dünenfächern, durch Wasser und Wind geformt und vornehmlich von Kiefern bewachsen.

Besonders von der Pfarrer-Wachsmann-Straße her kommend, wird deutlich, daß die Zeltplätze Zinnowitz und Trassenheide fast ineinander übergehen. Vielfach sind die Zeltunterkünfte durch feste Feriendomizile ersetzt worden. Sofern man über die Dünen hinweg auf die See blicken kann, sind die Inseln Ruden und Oie sowie Mönchgut, die südöstliche Halbinsel Rügens, zunehmend besser auszumachen.

Bald erreicht und passiert die Wanderroute die breite, asphaltierte Strandstraße, die **Trassenheide** mit dem Strand verbindet. Wer die Fortsetzung des Weges über Karlshagen scheut, kann ab Trassenheide mit der Bahn oder dem Bus nach Zinnowitz zurückfahren.

Er kann allerdings auch den kürzeren, aber nicht so ergiebigen Weg über Mölschow und Zecherin nach Wolgaster Fähre wählen. Die Tour führt parallel zum Strand oder direkt am Strand noch ca. 2,5 km weiter. Alle Wege, die in Richtung Binnenland abzweigen, enden an der Straße Trassenheide-Karlshagen. Am Ortseingang von **Karlshagen** befindet sich eine **Gedenkstätte**. Sie ist vor allem den Opfern aus Konzentrationslagern gewidmet, die im Raketenversuchsgelände um Peenemünde bei Bombenangriffen oder bei der Fronarbeit ums Leben kamen.

Von Karlshagen aus kann man mit Bus oder Bahn einen Abstecher nach **Peenemünde** machen. Dort, auf dem Gelände des ehemaligen Kraftwerkes, befindet sich ein **Museum** im Aufbau, das u. a. die Rolle Peenemündes als Wiege der Raumfahrt dokumentieren will.

Zum Hafen Karlshagen gelangt man auf allen ausgebauten Straßen, die links, in südwestlicher Richtung von der Hauptstraße wegführen. Vom Hafen, früher eine Basis für Fischfang und -verarbeitung, führt die Wanderroute zum Hauptdeich an der Peene. Hier öffnet sich ein weiter Blick. Nach Nordwesten hin, peeneabwärts, liegt die Schwemmsandebene von Peenemünde mit dem Naturschutzgebiet "Peenemünder Haken". In diesem Gebiet ist zu beachten, wie durch die Strömung die Küstenlinie ständig verändert wird. Da das Areal Jahrzehnte ein militärisches Sperrgebiet bildete, hat sich ein Paradies, besonders für Wasservögel, herausgebildet. Der Blick in diese Richtung wird aber bestimmt durch die Bauten von Peenemünde, besonders des inzwischen stillgelegten Kraftwerkes. Über den Peenestrom hinweg sind Kröslin und Hollendorf, gelegen am Peenestrom und der alten Peene, zu erkennen, beliebte Angelgebiete . In den Rohrkämpen und Inseln suchen unzählige Wasservögel Zuflucht, die reichlich Nahrung finden.

Auf dem Deich entlang führt die Route weiter stromaufwärts in Richtung Wolgast. Genau wie in dem Gebiet um Peenemünde entstand hier eine Schwemmsandebene, durchzogen von Wasserläufen und sumpfigen Stellen, die bis Zinnowitz reicht.

Die nächste Station ist **Zecherin**, ein Ortsteil von Mölschow. Die Ufer der Peene, soeben noch ganz flach, gehen nun mehr und mehr zu stattlichen Uferböschungen über. Besonders die Wolgaster Seite mit **Dreilindengrund** und **Gustav-Adolf-Schlucht** verdienen Interesse. In dieser Schlucht wird dokumentiert, daß von hier aus die Leiche des Schwedenkönigs, der 1632 in der Schlacht bei Lützen den Tod fand, nach Schweden zurückgebracht wurde. Aus der Stadtsilhouette von **Wolgast** sieht man schon von fern die wuchtige **Petrikirche** aufragen. Von Zecherin aus, wo der Deich endet, geht es weiter nach **Mahlzow**, einen Ortsteil von Wolgast. Vom dortigen Bahnhof Wolgaster Fähre ist die Heimreise möglich. Nach der Überquerung der **Schloßinsel**, auf der sich früher das Schloß der Pommernherzoge befand, stößt man auf den Busbahnhof. Von dort gibt es weitere Möglichkeiten der Weiterreise.

7. Über den Gnitz
Bahnhof Zinnowitz - Netzelkow (7,0 km) - Möwenort (Südspitze des Gnitz, 4,3 km) - Neuendorf (4,8 km) - Bahnhof Zinnowitz (5,5 km) = 21,6 km

Die Wanderung beginnt am Bahnhof **Zinnowitz**. Hinter den Gleisen führt die Strecke die alte Strandstraße entlang und passiert bald die B 111. Der Ortsteil um die alte Strandstraße bildet die eigentliche Keimzelle von Zinnowitz. In unmittelbarer Nähe der Kreuzung B 111/Neuendorfer Weg liegen die Bushaltestellen der Linien Ahlbeck-Wolgast und Zinnowitz-Neuendorf.
Auf dem Weg nach Neuendorf grüßt von links die weite Fläche des Achterwassers. Den unmittelbar an Zinnowitz angrenzenden Teil nennt man **Störlanke**. Früher ein Fischereigebiet (Störe), ist sie heute ein beliebtes Segelrevier. Zur Rechten begegnet dem Wanderer eines der erdgeschichtlichen Phänomene dieser Gegend: Dünen, die nach der Eiszeit direkt in der Schwemmsandebene entstanden. Auf dem **Ziesberg** liegt der Zinnowitzer Friedhof.
Bald taucht ein Waldgebiet auf. Noch heute deuten Namen wie Bollbrücke und Blanker Damm darauf hin, daß bis zum 13. Jahrhundert der Große Strummin die Krumminer Wieck mit dem Achterwasser verband und der Gnitz eine Insel war. Besonders im Frühjahr ist es möglich, daß große Waldstücke unter Wasser geraten und sich der Auenwald nach Rückzug des Wassers mit großen Teppichen von Anemonen, Sumpfdotterblumen und Scharbockskraut bedeckt. Gleich hinter der Bollbrücke führt der Weg links, teilweise auf einem Schutzdamm, durch den Wald an Neuendorf vorbei nach Netzelkow.
Das Auge erfreut sich an der weiträumigen Landschaft. Wiesen, Felder, kleine Waldstücke wechseln sich ab. Oft kann man Rehe beobachten. Die Route überquert die Plattenstraße zur Insel Görmitz. Hier sind eine Reihe von Erdölförderanlagen in Aktion zu sehen.
Die **Insel Görmitz**, die seit einigen Jahren einen festen Zugang zum Gnitz hat, kommt von links ins Bild.
Netzelkow besteht nur aus wenigen Gehöften. Obwohl Neuendorf mehr Einwohner zählte, war Netzelkow immer das Kirchdorf. Bekannt wurde es als Geburtsort des Pfarrers Meinhold, des Dichters der "Bernsteinhexe". Unbedingt sehenswert ist die schlichte, spätmittelalterliche **St. Marienkirche** mit dem geschmückten Backsteinblendengiebel. Der Taufstein stammt aus dem 14. Jahrhundert. Unmittelbar neben der Kirche beein-

Über den Gnitz

druckt ein freistehender Glockenstuhl mit zwei Glocken, die aus dem Mittelalter stammen.

Über den alten Kirchsteig führt die Tour in Richtung Lütow. Um die tiefliegende Grundmoräne, die den Ostteil des Gnitz ausmacht, vor Hochwassern zu schützen, bedurfte es großer Anstrengungen. Unter einer Gehölzgruppe mit einer mächtigen Eiche befinden sich die Reste des einzigen in der Region noch zugänglichen Hünengrabes. Es mag etwa 3 500 Jahre alt sein. Erhalten sind allein die Stütz- und Umfassungssteine. Reste von Grabbeigaben kündeten davon, daß der Gnitz als uraltes Siedlungsgebiet von kreativen und kunstfertigen Menschen bewohnt war. Leider wurde der Deckstein zerstört, um beim Eisenbahnbau Zinnowitz-Wolgast als Packlage zu dienen.

Die Route erreicht **Lütow**, den ältesten und südlichsten Ort des Gnitz (von hier aus besteht die Gelegenheit, mit dem Bus nach Zinnowitz oder Wolgast zurückzukehren). Das Ziel ist nun **Möwenort**, die Südspitze des Gnitz. Dazu führt der Weg auf das 18 m hohe Kliff, das einst die Küstenlinie darstellte. Nirgendwo sonst kann man verschiedenartige Gewässer so gut überschauen wie von hier.

So sind u. a. die Ostseebäder Zempin, Koserow, Loddin und Ückeritz zu sehen. Der Blick nach Osten wird eingegrenzt durch die Bansiner Höhen, Konker und Rauhen Berg bei Pudagla. Direkt gegenüber liegt Warthe, die nördlichste Ansiedlung auf dem Lieper Winkel. Zwischen Lieper Winkel und Festland fesselt der Peenestrom den Blick. Von der Festlandseite her grüßen Lassan mit seiner imposanten Kirche und Bauerberg. Hier, zwischen Gnitz und Bauerberg, durchbrachen einst die Wassermassen des schmelzenden Gletschers den Endmoränenbogen und erreichten über das Ziese-Urstromtal die Ostsee. Das ständig aus- und eingehende Wasser lagerte vor dem Kliff eine Schwemmsandebene ab, die zu großen Teilen mit salzliebenden Pflanzen bedeckt ist. An der Südspitze kann man herrlich baden, im Strandgeröll nach Versteinerungen suchen, den Surfern zusehen oder sich einfach von der Harmonie in der Natur bezaubern lassen.

Die Tour verläuft weiter über den Höhenpfad direkt am Steilufer an der Krumminer Wieck. Der Weg durch den Wald erinnert daran, daß der Westteil des Gnitz aus Endmoränengebiet besteht. Der Untergrund ist sandig, die Vegetation hat sich völlig angepaßt. Im Verlaufe der Strecke gedeihen Trockenrasengesellschaften unterschiedlicher Prägung, die letzten bedeutenden Exemplare des Säulen-Wacholders sind zu sehen, einige Wildformen der Berberitze, überall Sanddorn, teilweise riesige Flächen der Brombeere - wahrhaftig eine Fülle, wie man sie selten trifft. Dazu die beeindruckende Landschaft: Steilufer, teilweise regelrechte Abstürze zur Peene und Krumminer Wieck, tiefe Schluchten, die einst das Schmelzwasser des Eises abführten, ständig wechselnde Senken und Höhen, von wo aus man immer wieder neue Aussichten genießt. Dazu der Blick auf die Krumminer Wieck, die durch Boote und die bunten Segel der Surfer belebt wird, die Silhouette von Wolgast, das Ostufer von Wolgaster Ort mit Neeberg und Krummin.

Einige Punkte sollten Wanderer besonders beachten: den Steilabfall des **Weißen Berges** (32 m) und den großen Stein in der Nähe des Voßberges. Von der Höhe des Weißen Berges hat man nicht nur einen zauberhaften

Blick, sondern hier lassen sich auch viele Prozesse studieren, die die Landschaft formen. Bei Sturmhochwasser - bei den häufigen Westwindlagen ist das nicht selten - greift das Wasser den Dünenfuß an, kolkt ihn aus. Von oben her brechen dann große Erdflächen, oft mit Bewuchs, nach. So ist es nicht verwunderlich, wenn der schmale Strand in weiten Teilen mit Holz bedeckt ist.

Am Fuße einer Höhe, kurz vor dem Voßberg, erregt ein großer Findling Aufmerksamkeit. Bei Niedrigwasser kann man ihn trockenen Fußes erreichen. In einer Inschrift, die heute kaum noch lesbar ist, bedanken sich die Krumminer Fischer für einen unerwartet reichlichen Fang von Bleien während des Eisfischens.

In Höhe des **Voßberges** wird es zunehmend schwieriger, dem Höhenweg zu folgen. Die Wanderstrecke hält sich nun landeinwärts und trifft auf den Landweg nach Neuendorf.

Die wellige Landschaft bietet auch hier viele reizvolle Aussichten. In **Neuendorf** beeindruckt der unter Denkmalschutz stehende ehemalige Sitz derer von Lepel, die viele Jahrhunderte den Gnitz beherrschten. Heute hat hier die Gemeindeverwaltung ihr Domizil.

Von Neuendorf aus kann man den Bus in Richtung Zinnowitz nutzen. Wer gut zu Fuß ist, kommt direkt über den Blanken Damm oder über Wege, die westlich davon durch das Niedergehölz führen, nach **Zinnowitz**.

Achtung! Der südliche Teil des Gnitz steht unter Naturschutz! Besonders geschützt sind hier das Moorfroschbiotop, die Steilufer mit den Niströhren der Uferschwalbe und die schon beschriebenen Gehölze. Der Weg ist durchgängig markiert, zu großen Teilen auch beschildert.

8. Von Ahlbeck über den Golm nach Kamminke

Ahlbeck (Bahnhof/Bushaltestelle) - Korswandt (2,8 km) - NSG Schwarzes Herz/Zerninsee (2,5 km) - B 110 (2,5 km) - Golm (0,8 km) - Kamminker Hafen (2,0 km) = 10,6 km

Vom Ahlbecker Bahnhof verläuft die Route bis Korswandt auf dem Gebietswanderweg (siehe: Von **Ahlbeck** entlang der Haffküste). In **Korswandt** zweigt sie jedoch nicht zum Krebssee ab, sondern hält sich an den Weg am Südufer des Wolgastsee (vgl. auch: Rund um den Gothensee). Die Strecke führt zum sogenannten **Schwarzen Herz**. Dieses Naturschutzgebiet erhält seinen Charakter durch die Hügel, Schluchten und Senken, die in dem Stauchendmoränengebiet dicht beieinander liegen und durch ihre Kompaktheit beeindrucken. Viele seltene Pflanzen (Hochmoorvegetation, Farne, Salomonsiegel, Maiglöckchen u. v. a.) sind hier zu sehen, bei manchmal imposantem Wuchs. Da das Gebiet über mehrere Jahrzehnte nicht betreten werden durfte (Grenzzone), ist auch die Wilddichte sehr hoch.

Von hier aus führen alle Wege an das Nordufer des **Zerninsees**. Früher ein großes offenes Gewässer, ist er heute bis auf einige kleine Restseen fast verlandet. Diesen Sumpf zu betreten ist nicht ungefährlich.

Die Senke wird am Ostufer, parallel zur Grenze, umgangen. Bald stößt die Route auf die B 110, die sie in Richtung Kliffrand **Golm** passiert. Dieser sagenumwobene Berg (Gollen, d. h. Berg) war schon in der frühen Menschheitsgeschichte besiedelt. Unmittelbar nach dem Rückzug des Eises strömten hier, durch die sogenannte Swinepforte, noch die Wasser der Oder direkt in die Ostsee und formten

Von Ahlbeck über den Golm nach Kamminke

das langgestreckte Steilufer, so wie es sich heute darbietet. Vom Kliff aus ist die verlandete Swinepforte gut zu übersehen. Einen Überblick über das Verlandungsgebiet erhält man auch von den Höhen bei Lubin (Lebbin) auf der Insel Wollin.

Auf dem Weg zum höchsten Punkt (60 m) des Golms bieten sich interessante Aussichten: zu Füßen des Wanderers liegt der Torfkanal, der die Zerninsenke entwässert und gleichzeitig die Staatsgrenze bildet. Dahinter ein großes Kleingartengelände, unmittelbar im Anschluß die Stadt Świnoujście (Swinemünde). Im Hintergrund sind die imposanten Hafenanlagen und die Ostsee sichtbar. Im Osten wird die Pforte begrenzt durch die Höhen der Nachbarinsel Wollin. Nur noch schwer auffindbar ist ein alter **Burgwall** aus der Bronzezeit. In den alten, abgestorbenen Buchen haben Spechte Nisthöhlen geschaffen. Sowohl ein Blick über die Niederung als auch in das urige Moränengebiet, in dem Vieles unbeeinflußt durch den Menschen wächst, ergeben ein reizvolles Bild. Um den Golm ranken sich zahlreiche Sagen. So sollen Zwerge im Berg einen Schatz hüten. Eine andere Legende spricht von einer Jungfrau, die alljährlich in der Johannisnacht aus dem Berg kommt und einen Freier sucht.

Am Fuße des Berges befindet sich eine **Gedenkstätte**, ein nach oben offener Rundbau. Hier wird der Toten des Krieges gedacht, die in einem großen Massengrab in der Nähe des Monumentes beigesetzt sind.

Über einen Weg am Rande der Niederung führt die Tour nach **Kamminke** (slawisch: Kamen = Steinort). Am Kellerberg gibt es eine Bushaltestelle. Empfehlenswerter ist es jedoch, die Dorfstraße entlang bis zum Hafen

Gedenkstätte auf dem Golm

zu gehen. Erst hier erschließt sich der Charakter des typischen Fischerdorfes. Am Ufer haben die Haffischer ihre Reusen aufgespannt. Das Hafenbecken wird von einer Mole mit den Produktionsgebäuden der Fischwirtschaft abgeschlossen.

Im April 1970 hatte hier ein Hochwasser das Eis des Haffs gesprengt und zu einer riesigen Barriere getürmt. Die Eismassen zerstörten damals die Mole und die Gebäude fast völlig. Bald darauf konnten in einer beispielhaften Hilfsaktion im Kreis Wolgast über 5 000 t Steine, Betontrümmer u. a. Material gesammelt und die Mole wiederhergestellt werden.

Wer die Mühe nicht scheut und das Steilufer - auf den dafür vorgesehenen Wegen - erklimmt, dem eröffnet sich

Auf dem Gebietswanderweg entlang der Haffküste 60

Fischernetze bei Kamminke

eine einzigartige Aussicht über das Oderhaff (Stettiner Haff) mit der Festlandküste bei Ueckermünde. Vom Hafen aus fahren Omnibusse wieder nach Ahlbeck zurück.

9. Auf dem Gebietswanderweg entlang der Haffküste

Ahlbeck (Bahnhof/Bushaltestelle) - Korswandt (2,8 km) - Krebssee (2,0 km) - Garz (2,3 km) - Kutzow (2,8 km) . Neverow (1,6 km) - Bossin (1,0 km) - Dargen (2,3 km) - Prätenow (1,0 km) - Gummlin (2,2 km) - Stolpe (2,3 km) - Usedom (Markplatz/Bushaltestelle 6,8 km) = 27,1 km

Die Route, die auch per Fahrrad zurückgelegt werden kann, ist so gelegt, daß vielfältige Möglichkeiten bestehen, in andere Wanderstrecken zu wechseln, z. B. in Garz nach Kamminke und zum Golm. Ab Usedom kann man nahtlos die Tour über den Usedomer Winkel nutzen. Wer unterwegs die Wanderung abbrechen möchte, findet an folgenden Orten Haltestellen für den Busverkehr: Korswandt, Garz, Dargen und Stolpe.
Die Wanderung beginnt am Bahnhof **Ahlbeck**. Der Markierung (weißes Quadrat/roter Querbalken) folgend, gelangt man durch das stark bewegte Relief des Ahlbecker Hinterlandes nach **Korswandt**. Prächtige Mischwälder machen allein dieses Teilstück der Wanderstrecke zu jeder Jahreszeit erlebnisreich.
Etwa in der Ortsmitte Korswandt biegt die Route nach links ab und gabelt sich. Den rechten Abzweig nutzend, führt der Weg nach etwa 2 km durch ein Stauchendmoränengebiet zum **Krebssee**. Hier kann man eine Rast einlegen, im Sommer eventuell auch baden. Bald ist die B 110 erreicht. Nach wenigen hundert Metern Straße biegt rechts der Landweg nach Garz ein. Die Route passiert die Eisenbahntrasse Usedom-Swinemünde und erreicht **Garz**. Der Name ist abgeleitet von dem slawischen gardzko, d. h. Burg. In der Ortsmitte von Garz zweigt der alte Landweg nach Kutzow ab.
Wer es nicht gar so eilig hat , sollte sich die Garzer **Kirche** ansehen. Von besonderem Interesse sind die schönen Giebel und der freistehende Glockenturm. Der Weg verläuft immer parallel zum alten Eisenbahndamm. Er passiert das Gelände des Garzer Flughafens, der, für viele Jahrzehnte nur dem Militär vorbehalten, nun für die Infrastruktur der Region an Bedeutung gewinnt.
In **Kutzow**, einem Ortsteil von Zirchow, sieht man, sich links haltend, in der Ferne schon die Gehöfte von **Neverow**. Von hier bis nach Stolpe bietet sich ständig der Blick auf das Oderhaff. Die Landschaft, die zunächst noch wellig und bewegt ist,

Durch den Usedomer Winkel

geht mehr und mehr über in die ebenen Sanderflächen am Südrand der **Mellenthiner Heide** und **Usedomer Stadtforst**. Das Ufer, das noch in Kamminke eine über 30 m hohe Böschung hatte, flacht mehr und mehr ab. Große Rohrpläne geben jetzt dem Haffufer das Gepräge, besiedelt von zahlreichen Wasservögeln. In das Röhricht sind lange Schneisen geschnitten, durch die man das Ufer erreichen kann. Abgesehen von einzelnen geschlossenen Siedlungen - Bossin, Dargen, Stolpe - herrschen als dominierende Siedlungsform Einzelgehöfte vor. Gerade hier am Rande des Haffs wird die Ursprünglichkeit der Usedomer Natur besonders deutlich. Fern von spektakulären Objekten findet der Mensch Ruhe und Ausgeglichenheit. Auf dem Wege von Dargen nach Stolpe führt die Tour an den geschlossenen Kiefernwaldungen der Mellenthiner Heide vorbei. Neben Trockenrasengesellschaften findet man in Ufernähe Feuchtraumbiotope und regelrecht versumpfte Stellen. In **Stolpe**, wo als Bauwerke die **Kirche**, erbaut Ende des vorigen Jahrhunderts auf den Resten einer mittelalterlichen Anlage, und das **Schloß** bemerkenswert sind, verläßt die Wanderroute etwa in Ortsmitte die nach **Usedom** führende feste Straße und zweigt in den nach rechts abbiegenden Landweg in den Usedomer Stadtforst ein. Am Waldfriedhof vorbei mündet sie in die Stolper Landstraße. Von hier aus bis zum Usedomer Markt ist noch ca. 1 km Weg zu bewältigen.
(Alle Angaben zu Usedom und Usedomer Winkel siehe in der Routenbeschreibung Nr. 10.

10. Durch den Usedomer Winkel
Usedom, Marktplatz (Bushaltestelle) - Abzweig Wilhelmshof (2,6 km) -

Mönchow (1,8 km) - Karnin (1,0 km) - Kölpin (1,0 km) - Zecherin (Bushaltestelle B 110 - 2,0 km) = 8,4 km

Der Ausgangspunkt der Exkursion ist **Usedom**. Das Land um Usedom gehörte schon in prähistorischer Zeit zu den bevorzugten Siedlungsgebieten der Region. Das belegen vielfältige Bodenfunde aus der Umgebung. Der Name Usedom ist vom slawischen Uznam hergeleitet, d. h. Land am Wasser. In Polen ist dieser Begriff noch heute gebräuchlich.
Usedom wurde 1125 zum erstenmal urkundlich erwähnt und erhielt schon 1298 Stadtrecht. Doch die Entwicklung wurde immer wieder durch plündernde Horden und verheerende Brände unterbrochen. So steht das **Anklamer Tor**, das aus dem 14. Jahrhundert stammt, als eindrucksvoller Zeuge der Vergangenheit. Während es früher Teil der Stadtbefestigung war, auch als Gefängnis diente, ist hier heute eine Heimatstube mit einer gediegenen Sammlung besonders bäuerlichen Geräts untergebracht.
An der **Stadtkirche St. Marien** vorbei, die etwa um 1500 erbaut wurde, führt der Stadtrundgang durch die Peenestraße zum **Schloßberg**. Hier beeindruckt das im Jahre 1928 zur Erinnerung an die 1128 erfolgte Christianisierung dieser Region errichtete hohe **Granitkreuz**. Vom Schloßberg aus bietet sich ein schöner Blick über die Stadt und das südliche Umland, den Usedomer Winkel.
Im nördlichsten Zipfel des Usedomer Sees liegt der Usedomer Hafen. Dort, wo der See in das Oderhaff (Stettiner Haff) mündet, liegt die sogenannte Kehle. Direkt angrenzend an das Westufer erhebt sich der **Klosterberg**. Hier soll einstmals das Kloster Grobe gestanden haben.

Kirche in Mönchow

Um in den Winkel zu gelangen, biegt die Route nach der Durchquerung des Anklamer Tors links ab. Zur Linken der Plattenstraße liegt der Klosterberg, dahinter der Usedomer See. An einer Straßengabelung, die links nach Wilhelmshof führt, folgt die Tour dem rechten Abzweig und gelangt über Wilhelmsfelde bald nach **Mönchow**. Im Gegensatz zu den vielen Endmoränenflächen Usedoms mit minderwertigen Böden bildet die Grundmoräne des Usedomer Winkels fruchtbares Ackerland.

Bald rückt die kleine **Dorfkirche** von Mönchow ins Bild. Sie bildet nach der Sanierung des Bauwerkes und der Restaurierung des Kircheninneren ein Kleinod, dessen Besuch unbedingt zu empfehlen ist. Der alte **Lotsenturm** am Dorfeingang kündet von der Zeit, als der vielbefahrene Schiffahrtsweg Stettin-Peene-Ostsee nur mit Lotsenhilfe zu bewältigen war. Übrigens: wer eine Rast einlegen möchte, kann es in der Gaststätte von "Vater Genz" tun. Im Dorfzentrum des angrenzenden **Karnin** hält sich die Route links, und bald steht der Wanderer vor einem eindrucksvollen technischen Denkmal, der **Eisenbahnhubbrücke**. Als Ende vorigen Jahrhunderts die Eisenbahnstrecke Berlin-Ducherow-Usedom-Swinemünde entstand, wurde der sogenannte Strom, die Verbindung zwischen Oderhaff und Peenestrom, zunächst von einer Drehbrücke überquert, die aber bald den Erfordernissen nicht mehr gewachsen war. Mitte der dreißer Jahre entstand dann die Hubbrücke, eine für die damalige Zeit erstklassige ingenieurtechnische Leistung. Nun konnte mit Hilfe von Gegengewichten der gesamte Mittelteil schnell so hoch angehoben werden, daß auch Schiffen mit hohen Aufbauten das Passieren komplikationslos möglich war.

Über den Lieper Winkel

Noch zum Ende des Krieges von den Nationalsozialisten zerstört und heute nicht mehr nutzbar, bildet sie dennoch ein beeindruckendes technisches Denkmal. Die Wiederherstellung der Strecke wäre für die Entwicklung des Fremdenverkehrs, besonders den sanften Tourismus, die allgemeine wirtschaftliche Entwicklung der Region und die angestrebte wirtschaftliche Verzahnung deutschen und polnischen Gebietes von immensen Vorteil.
Über **Kölpin** gelangt man zur Bushaltestelle nach **Zecherin** . Wer einen etwas abwechslungsreicheren Weg wünscht, wählt die Strecke über Gellenthin und Gneventhin bis zur Haltestelle an der B 111. Besonders von der Straße nach Zecherin bietet sich ein ausgezeichneter Blick über die Peeneniederung mit dem Naturschutzgebiet Anklamer Stadtbruch, den Zusammenfluß von Peene und "Der Strom" zum Peenestrom, die Silhouette von Anklam und schließlich zur 320 m langen Bäderbrücke, die in den letzten Kriegstagen zerstört und 1956 wieder in Betrieb genommen wurde.

11. Über den Lieper Winkel
Bushaltestelle Rankwitz - Quilitz (1,5 km) - Warthe (3,5 km) - Liepe (Bushaltestelle - 2,2 km) = 7,2 km

Wie eine geballte Faust ragt der Lieper Winkel in die ihn umgebenden Gewässer hinein. Im Westen begrenzt ihn der Peenestrom, im Norden und Osten das Achterwasser.
Die Wanderung beginnt in **Rankwitz**, einem alten, direkt an der Peene gelegenem Fischerdorf. Überall künden Kähne, Reusen, Netze und Angelgerät von der Tätigkeit der Dorfbewohner, die sich häufig auch nebenberuflich mit dem Fischfang beschäftigen.
Von der Bushaltestelle geht der Weg zunächst in Richtung Liepe bis an den Dorfrand, um dann die Straße, die links abbiegend nach Quilitz führt, zu nutzen. **Quilitz**, ein Ortsteil von Rankwitz, erweist sich als ein idyllisch gelegener, von Ruhe und Beschaulichkeit geprägter Ort. Von hier aus hat man eine gute Sicht über den breiten Strom.
Von Quilitz aus führt ein Feldweg parallel zur Uferlinie nach Warthe. Zur Rechten erhebt sich der Jungfernberg (18 m). **Warthe** ist der am nördlichsten gelegene Ort im Lieper Winkel. Vom Strande aus bietet sich ein reizvoller Blick über die Peene auf die Silhouette von Lassan mit der Marienkirche sowie über den Strom in Richtung Wolgast oder auf die Küsten und Höhen des Gnitz. Hier mögen auch die Wachposten der slawischen Stämme nach den räuberischen Wikingern, die allein zwischen 1166 und 1187 den Lieper Winkel und die Usedomer Gegend siebenmal ausplünderten, Ausschau gehalten haben. In der Preußenzeit standen an dieser Stelle die "Tabaksgardisten", die den Tabakschmuggel verhindern sollten.
Am Mühlenberg vorbei verläuft die Tour über die Landstraße nach **Liepe**, den Mittelpunkt des Winkels. Liepe führt seinen Namen auf das slawische Lipa, die Linde, zurück. Schon 1187 wurde es vom Kloster Grobe bei Usedom in Besitz genommen.
Bemerkenswert sind die geschlossene Ortslage sowie die schöne alte **Dorfkirche**. Diese wurde schon um 1216 erstmals erwähnt, obwohl ihre jetzige Gestalt wohl wesentlich im 16. Jahrhundert entstanden ist. Äußerlich beeindrucken die eigenartigen Blendnischen am hinteren Giebel, im Inneren die Reste gotischer Wandmalerei und ein Bischofsweihkreuz.
Von Liepe aus gelangt man mit dem

Lieper Winkel, Fischer in Warthe

Linienbus zunächst bis Usedom, von wo aus Buslinien nach Anklam, Ahlbeck oder Wolgast verkehren.
Um nach Rankwitz, dem Ausgangsort der Wanderung zu kommen, besteht neben dem Bus auch die Möglichkeit, von Usedom, etwa parallel zur Uferlinie des Peenestroms, den alten Landweg, der früher den Lieper Winkel mit Usedom verband, zu begehen.
Wer mit dem Pkw anreist, sollte an der Straße von Suckow nach Krienke an der alten Sokeleiche eine Rast einlegen. Dieser Baum mit einem Kronendurchmesser von etwa 20 m steht auf den Resten eines Hünengrabes. Das Grab belegt die frühgeschichtliche Besiedlung des Lieper Winkel.

12. Von Mellenthin über Balm nach Neppermin
Mellenthin, Bushaltestelle - Balm (5,3 km) - Neppermin, Bushaltestelle (1,8 km) = 7,1 km

Von der Bushaltestelle **Mellenthin**, gelegen an der Straße von Schmollensee nach Usedom, erreicht man auf einer schönen Allee alter Linden das Dorf.
Fast trutzig grüßt am Eingang des Dorfes ein Kleinod der Region, die Kirche. Gegründet ungefähr um 1338, bildet sie mit der wuchtigen Einfriedungsmauer und den knorrigen alten Eichen ein eindrucksvolles Ensemble. Im Innern gibt es zahlreiche Sehenswürdigkeiten. Als der Altar-raum 1930 restauriert wurde, kamen unter dem Putz Fresken zum Vorschein, das Weihwasserbecken wird durch einen alten Mahlstein gebildet, das Gestühl und der Chor sind mit schönen Naturstudien und allegorischen Darstellungen versehen.
Eine Kalksteinplatte erinnert an Rüdiger von Neuenkirchen und seine Frau, Ilsabe von Eickstedt, die oftmals mit der Meinholdschen "Bernsteinhexe"

Schloß Mellenthin

verwechselt wird. Aus dem Jahre 1654 stammt die einzige Glocke, die alle Stürme der Zeit überstanden hat. Nur ein paar Schritte von der Kirche entfernt, von einem Wassergraben umschlossen, liegt das **Schloß**. Die verschiedenen Baustile der Haupt- und Nebengebäude verweisen auf unterschiedliche Entstehungsjahre.

Im Eingang zum Schloß ist auf einer reliefverzierten Tafel nachzulesen, daß der Bau anno 1575 von Rüdiger von Neuenkirchen "gefundert", (erbaut) wurde.

Als das Geschlecht der Neuenkirchen ohne Nachfolger blieb, kam das Anwesen von 1648 bis 1720 unter schwedische Herrschaft. In den folgenden Jahren wechselten Schloß und Gut oftmals die Besitzer, bis 1933 eine Siedlungsgesellschaft den Besitz aufkaufte und parzellierte.

Im Hause selbst vermittelt die Eingangs- und Aufenthaltshalle, der Remter, einen Eindruck von Architektur und Lebensweise jener Zeit. Der dort befindliche Kamin ist sehr schön restauriert. Offenbar ist aber die Rußspur, die der Sage nach der Teufel hinterlassen haben soll, als er aus dem Kamin fuhr, dauerhaft übermalt worden. An der Rückseite, zum Park hin, kann man den nun allerdings zugemauerten Eingang zu dem legendenumwobenen Gang betrachten, der von Schloß Mellenthin zum Kloster Pudagla geführt haben soll. In der warmen Jahreszeit nistet auf der Stallanlage seit vielen Jahren ein Storchenpaar. Wer mit dem Auto anreist, findet unmittelbar vor der Schloßbrücke einen sicheren Parkplatz. Die im Seitenflügel angesiedelte **Burgschenke** bietet gepflegte Gastlichkeit.

Die Wanderoute führt nun nach Balm. In nordwestlicher Richtung, am Friedhof vorbei, gelangt man zum **Borgwald**. Dieser Höhenrücken ist erdgeschichtlich dadurch entstanden, daß sich in einer Gletscherspalte Material ansammelte, das nach Abschmelzen des Eises als Os liegen blieb.

Von der prachtvollen Allee schöner Laubbäume auf der Westseite des Waldgeländes erreicht der Wanderweg über einen Abzweig den mittleren Teil des "Borgwaldes". Sich links haltend, kommt man bald an eine riesige Wallanlage, die sogenannte **Schwedenschanze**. Dieser Begriff ist irreführend, denn die Burgwallanlage ist bereits seit dem späten Mittelalter bekannt. Ihrer Größe nach konnte sie ohne weiteres die Bewohner der umliegenden Orte mitsamt ihrem Hab und Gut aufnehmen. Noch heute sind die aufgeschichteten Wände, der Innenraum und die Zugänge so gut erhalten, daß sie mit geringem Aufwand wieder funktionsfähig gemacht werden könnten.

Die vielen eingestreuten Sumpfgebiete und Niederungen, angrenzende Wiesen und Wasserflächen bilden die Lebensgrundlage für eine vielfältige Fauna. Es ist durchaus nicht ungewöhnlich, z. B. einem abstreichendem Fischadler zu begegnen.

Nach kurzer Wegstrecke ist der **Balm** erreicht, dessen Name vom slawischen Byaldedamp = weiße Eiche abgeleitet wird. Auf der sandigen Anhöhe über dem Bruch und dem Nepperminer See erhob sich einst ein slawischer Rundling, eine Dorfanlage, die um einen Mittelpunkt errichtet wurde. Vom Dorfrand aus hat man einen schönen Blick über den Nepperminer und Balmer See, Teile des Achterwassers, auf die Höhen von Ückeritz, den Konker und Rauhen Berg bei Pudagla.

Im Nepperminer See liegen in einem Naturschutzgebiet die **Vogelschutzinseln Böhmke** und **Werder**. Besonders zur Nistzeit im Frühjahr sind sie von vielen tausend Brutpaaren verschiedener Möwen, Seeschwalben u. v. a. Vogelarten besetzt. Es ist ein imposanter Anblick, wenn sich Schwärme von tausenden Seevögeln in der Luft befinden.

Vor Verlassen des Dorfes sollte man sich die Fachwerkkonstruktionen der Häuser ansehen. In die Fächer zwischen den Balken werden Stäbe eingesetzt, die sogenannten Kleimstaaken. Diese sind mit Weiden durchflochten, worauf dann ein Brei aus Lehm, der mit gehäckseltem Stroh versetzt ist, aufgebracht wird. Alles zusammen bildet eine stabile und wärmedämmende Masse.

Die Straße von Balm nach Neppermin ist so niedrig gelegen, daß sie bei Hochwasser gelegentlich unter Wasser gerät. Gleich am Ortseingang von **Neppermin** ist eine große Stechpalme (Ilex) zu bewundern, die anzeigt, daß sich Usedom noch im Einflußbereich atlantischen Klimas befindet. Neppermin, erstmals erwähnt 1254, mit seinen schönen alten Häusern und gepflegten Vorgärten ist bald durchmessen.

Nach Unterqueren der Straße Schmollensee-Usedom hält sich die Route rechts und stößt bald auf die geschmackvoll gestalteten Buswartehäuschen. Von hier aus verkehren Linien sowohl nach Usedom als auch nach Heringsdorf oder Wolgast.

Natur- und Bodendenkmäler im Kreis Wolgast

Naturschutzgebiete (Auswahl)

- Peenemünder Haken, Struck und Ruden
- Streckelsberg
- Wockninsee
- Mümmelkensee
- Gothensee und Thurbruch
- Golm
- Inseln Böhmke und Werder
- Südlicher Gnitz

Flächennaturdenkmäler (Auswahl)

- Heidefläche südlich Bahnhof Trassenheide
- Steilhang und Weißer Berg auf dem Gnitz
- Orchideen-Standort am Kölpinsee
- Küstenwald bei Ückeritz
- Moor zwischen Mellenthin und Neppermin
- Moor westlich von Bansin
- Binnendünengebiet an der Usedomer Heide
- Moor östlich von Ulrichshorst
- Moor östlich der Straße Ahlbeck-Korswandt
- Moor nördlich der Zernin-Senke
- Steilhang am Oderhaff westlich von Kamminke

Einzelnaturdenkmäler (Auswahl)

Bäume
- Pyramiden-Eiche in Krummin
- Alte Esche in Neuendorf/Gnitz
- Alte Pappel südwestlich von Lütow (auf dem Gnitz)
- Alte Bäume in Zempin am Achterwasser
- Baumbestand 1 km südlich des Wockninsees an der Kurve der B 111
- besonders alte Eiche
- Alte Eiche nördlich vom Haltepunkt Schmollensee an der B 111
- Eiche an Zeltplatzeinfahrt Bansin an B 111
- Buche in Korswandt auf dem Gelände "Idyll am Wolgastsee"
- Sockeleiche bei Suckow an der Straße Suckow-Krienke
- Eiche an der Straße von Wehrland nach Waschow

Findlinge
- "Rieke-Stein" unterhalb des Voßberges, Gnitz, in der Krumminer Wieck
- Riesen- oder Teufelsstein im Achterwasser, vor dem Kliff des Konker Berges
- Teufelsstein - 1,2 km östlich von Warthe
- Sagenstein - im Schmollensee bei Sellin

Geschützte Bodendenkmäler
- Hügelgrab, Forst Korswandt, 1 800 m nordöstlich von Zirchow
- Bronzezeitlicher Burgwall auf dem Golm, 2 600 m nordöstlich von Garz
- Steinkreis, genannt Steintanz, Jagen 134, Forst Jägerhof, 1 400 südwestlich von Groß Ernsthof
- Slawische Höhenburg, genannt Schwedenschanze, auf einer Höhe vom Borgwald, 1 400 m nordwestlich von Mellenthin
- Mahlsteintröge auf dem Friedhof Morgenitz
- Reste eines Großsteingrabes, am Wege Netzelkow-Lütow, 750 m nordöstlich von Lütow
- Hügelgrab, Forst Pudagla, 600 m nördlich des Forsthauses Fangel
- Reste eines Großsteingrabes, an der Straße nach Liepe, 600 m nordwestlich von Suckow
- Frühdeutscher Turmhügel, genannt

Praktische Hinweise

Schloßberg, mit Erinnerungskreuz an die Christianisierung des Gebietes, Usedom Slawische Siedlung, Mühlenberg, 800 m nordöstlich von Usedom
- Großsteingräber, z. T. zerstört, am Wege Wehrland-Pulow, 1 600 m südwestlich von Wehrland
- Gruppe von Großsteingräbern, sogenannte Hünenbetten, am Wege Wehrland-Wahlendow, 2 000 m südlich von Wehrland
- Hügelgrab, 1 300 m nordöstlich von Zemitz
- Slawischer Bildstein, genannt Gerovitstein, in die Kirche eingemauert, Wolgast

Eine Auswahl sehenswerter Baudenkmäler wird im Teil Praktische Hinweise, Rubrik "Kultur und Freizeit", genannt.

Praktische Hinweise

Auskunft

Fremdenverkehrsverband "Insel Usedom" e. V., O-2238 Zinnowitz, Dünenstr. 8, Tel. 28 84/21 36, Fax 21 89
Kommunale Kreisverwaltung, Amt für Tourismus, O-2220 Wolgast, Peenemünder Str. 1, Tel. 52 21/21 59, Fax 20 89

Ahlbeck O-2252, Kurverwaltung, Dünenstr. 22, Tel. über Heringsdorf 82 28
Bansin O-2253, Kurverwaltung, Seestr. 64, Tel. über Heringsdorf 94 33
Heringsdorf O-2255, Kurverwaltung, E.-Thälmann-Str. 20, Tel. 7 63
Karlshagen O-2222, Kurverwaltung, Hauptstr. 41, Tel. 2 58
Kölpinsee O-2224, Kurverwaltung, Strandstr. 23, Tel. über Koserow 2 22
Koserow O-2225., Kurverwaltung, Hauptstr. 5, Tel. 2 31
Trassenheide O-2233, Kurverwaltung, Kampstr. 16, Tel. über Karlshagen 9 28
Ückeritz O-2235, Kurverwaltung, Bäderstr. 4, Tel. über Koserow 2 65
Usedom O-2250, Stadtinformation, Markt 1, Tel. 2 26
Wolgast O-2220, Wolgast-Information, Lange Str. 1, Tel. 23 10
Zempin O-2237, Kurverwaltung, Leninstr. 1, Tel. über Zinnowitz 21 62
Zinnowitz O-2238, Kurverwaltung, Karl-Marx-Str. 9, Tel. 21 30/22 20

Kultur und Freizeit

Ahlbeck Seebrücke, Bäderarchitektur; Heimatstube; Talstr.; öffentliche Uhr, Strandpromenade
Bansin Tropenhaus, Goethestr. 10; Gedenkatelier Rolf Werner, Seestr. 64; Naturlehrpfad Mümmelkensee
Benz Kirche St. Petri; Holländer-Windmühle
Freest Bauernhaus, Dorfstr. 44; Fischerhaus, Die Ecke 8; Campingplatz
Garz Dorfkirche
Heringsdorf Maxim-Gorki-Gedächtnisstätte, Maxim-Gorki-Str. 20; Bibliothek, Delbrückstr. 5; Volkssternwarte, Am Sportplatz
Hohendorf Dorfkirche
Kachlin Reste des ehem. Schöpfwerkes
Kamminke Reste eines Ringwalles (auf dem Golm); Mahnmal für die Opfer der Kriege (Golm); Campingplatz
Karlshagen Gedenkstätte für die Opfer des nationalsozialistischen Haftlagers Peenemünde in Karlshagen; Campingplatz
Karnin Lotsenturm
Korswandt Campingplatz
Koserow Otto-Niemeyer-Holstein - Gedenkatelier; Fischer- und Salzhütten, westliches Dünengelände; Dorf-

Praktische Hinweise

kirche; Campingplatz
Kröslin Kirche; ehem. Schule, Kirchstr. 4; Bauernhäuser, Gartenstr. 5 und Freester Straße 30-31
Lassan Stadtkirche St. Johannes; Reste der mittelalterlichen Stadtmauer; Wassermühle
Liepe Dorfkirche
Lütow Campingplatz
Mellenthin Dorfkirche; Schloß; etwa 1 km nordöstlich slawische Höhenburg
Mönchow Dorfkirche
Morgenitz Dorfkirche
Neuendorf Ehem. Gutshaus, Dorfstr. 2; Wohnhaus Dorfstr. 4
Netzelkow Kirche St. Marien
Peenemünde Museum für Raumfahrt
Pudagla Schloß; Bockwindmühle
Trassenheide Campingplatz
Ückeritz Campingplatz
Usedom Stadtkirche St. Marien; Stadtmauerreste; Anklamer Tor mit Heimatstube
Wolgast Reste der Stadtmauer, Kronwieckstr.-Oberwallstr.-Lustwall; Basilika St. Petri; Kapelle St. Gertrauden; Kapelle St. Jürgen; Rathaus; Stadtapotheke (Bürgerhaus), Lange Str. 7; ehem. Armenhaus Kronwieckstr. 17; Kornspeicher, Wolgast-Hafen; Heimatmuseum, Karl-Liebknecht-Platz 6; Geburtshaus von Ph. O. Runge, Kronwieckstr. 45; Städtebauliches Ensembles: Karl-Liebknecht-Platz 1-9, Schusterstr. 30-33, Kirchplatz 1-11, Lange Str. 3-5 und 7b, Burgstr. 5-7 und 9-10; Tierpark, Tannenkamp
Zempin Campingplatz
Zinnowitz Bäderarchitektur; Kurpromenade; Campingplatz

Übernachtungen

Ahlbeck Ostsee-Hotel, Dünen 41
Bansin Forsthaus Langenberg, Silbermöve, Seestr.; Strandhotel, Bergstr.;

Germania, Strandpromenade 25
Heringsdorf Kurhotel, Delbrückstr. 1; Pommerscher Hof, Friedensstr. 22; Strandidyll, Delbrückstr. 9; Wald und See, Breitscheidstr. 12; Coralle, Maxim-Gorki-Str.; Stadt Berlin, Friedensstr. 1; Jugendherberge, Puschkinstr. 7/9
Koserow Forsthaus Damerow
Trassenheide Jugendherberge, Strandstr. 5a
Zempin Zum Wikinger, Seestr. 6
Zinnowitz Travel-Hotel, Dünenstr. 11; Zentralhotel "Seeblick", Dünenstr. 11; "Sorgenfrei", Am Glienberg; Jugendherberge, Johann-ter-Morsche-Str. 24

Gaststätten

Ahlbeck Ostsee-Hotel, Dünenstr. 41; Lindenhof, Lindenstr. 35; Seehof, Seestr. 18; Mitropa-Grenze
Bansin Forsthaus Langenberg; Silbermöve, Seestr.; Strandhotel, Bergstr.; Germania, Strandpromenade 25; Forsthaus Fangel; Bauernstube, An der B 111; Asgard, Strandpromenade
Benz Thurbruchklause
Dargen Deutsches Haus
Görke Gaststätte Niemann
Heringsdorf Kurhotel, Delbrückstr. 1; Pommerscher Hof, Friedensstr. 22; Strandidyll, Delbrückstr. 9; Wald und See, Breitscheidstr. 12; Coralle, Maxim-Gorki-Str.; Wildpark; Zur Klause, Strandstr. 6; Stadt Berlin, Friedensstr. 1
Karlshagen Kiefernhain, Hauptstr. 2; Kosmos
Karnin Gaststätte Genz
Kölpinsee Schwalbennest, Strandstr.; Zur Ostsee, Strandstr.
Koserow Forsthaus Damerow; Bahnhofswirtschaft, Am Bahnhof 3; Kelch's Speisegaststätte, Karlstr. 9; Am Streckelsberg, Meinholdstr. 23

Loddin Zum Achterwasser, Am Achterwasser
Mellenthin Burgschenke
Morgenitz Bauernstube
Neppermin Seeblick; Utkieck
Peenemünde Insel Usedom, Peenestr.
Trassenheide Waldhof, Hauptstr.
Usedom Klubhaus, W.-Pieck-Str. 71; Norddeutscher Hof, Markt 12; Eiscafé, Am Markt
Zecherin Peeneidyll
Zempin Zum Wikinger, Seestr. 6
Zinnowitz Travel-Hotel, Dünenstr. 11; Erzhammer, W.-Pieck-Str. 38; Meiereihof, Ahlbecker Str. 30; "Bi uns to hus"

Register

Aal-Beek 37, 45, 47
Achterwasser 4, 7, 20, 27, 44, 45, 56, 66
Ahlbeck 4, 8, 28, 37ff., 41ff., 46f., 58, 60
Alt-Sallenthin 44
Anklam 23, 63
Anklamer Stadtbruch 63

Balm 65f.
Balmer See 7, 54, 66
Bansin 9, 28ff., 43f., 50ff., 67
Benz 33, 44, 48f.
Blanker Damm 56, 58
Böhmke 6, 66f.
Bollbrücke 56
Borgwald 65f.
Bossin 61

Chorzelin-Osternothafen 42

Damerow 20
Dargen 61
Dreilindengrund 56

Fuchsberg 48

Garz 26, 49, 60
Gellenthin 63
Glaubensberg 47f.
Gneventhin 63
Gnitz 4, 6, 14, 48, 54, 56f., 63, 67
Golm 4, 58f., 67
Görmitz 54, 56
Gothen 34, 47
Gothensee 4, 6, 37, 43f., 46f., 67
Greifswaler Oie 52, 54f.
Grenze/Grenzübergang 42
Grobe 26, 40, 47, 61, 63
Grüssow 54
Gustav-Adolf-Schlucht 56

Heringsdorf 8, 16, 21, 26, 28, 31ff., 38, 43, 47
Hollendorf 55

Jungfernberg 63

Kamminke 26, 59, 61, 67
Karlshagen 11ff., 55
Karnin 8, 17, 40, 62
Katschow 49
Klosterberg 61
Kölpin 63
Kölpinsee 5, 25, 54, 66f.
Konker Berg 54, 67
Korswandt 46f., 58, 60
Koserow 22ff.
Krebsseen bei Bansin 4, 44, 50, 60
Krienke 64
Kröslin 55
Krummin 14f.
Krumminer Wieck 56f., 67
Kutzow 60

Langenberg 5, 47, 51f.
Lassan 54, 57, 63
Liepe 63
Lieper Winkel 48, 57, 63f.
Loddin 25, 54
Loddiner Höft 48, 53f.
Lubin-Lebbin 59
Lütow 14, 57

Mahlzow 14f., 56
Mellenthin 7, 22, 37, 48, 64f., 67
Mellenthiner Heide 4f., 61
Misdroy 42
Morgenitz 44
Mölschow 12, 25, 55
Mönchow 62
Möwenort 57
Mümmelkensee 5f., 51f., 67

Neeberg 15, 25, 57
Neppermin 7, 48, 66f.
Nepperminer See 7, 66
Netzelkow 56
Neuendorf 56, 58
Neu-Sallenthin 44, 50
Neverow 60

Oder 58
Oderhaff (Stettiner Haff) 4, 44, 60ff.
Ostsee 4, 20, 27f., 37, 44

Register

Pagelunsberge 47, 51
Parchenwiese 47
Peenemünde 9ff., 14, 18, 31, 55
Peenemünder Haken 6, 55, 67
Peenestrom 4, 6f., 40f., 55, 57, 62ff.
Pommersche Bucht 52, 54
Pudagla 7, 26, 40, 47ff., 65
Pudaglapforte/-senke 47f., 51

Quilitz 63

Rankwitz 63f.,
Rauher Berg 54, 66
Reestow 54
Reetzow 44ff.,
Rossenthin 44
Ruden 6, 52, 54f., 67
Rügen 4, 6, 52, 54

Schloonsee 44
Schloßberg 40, 61
Schloßinsel 8, 56
Schmollensee 4f., 44, 47ff., 64, 67
Schwarzes Herz 58
Sellin 50
Sieben-Seen-Berg 44
Stoben 48
Stolpe 60f.
Störlanke 56
Streckelsberg 5, 21ff., 53f., 67g
Strom, Der 63
Strummin, Großer 56
Stubbenfelde 54
Suckow 64
Świna (Swine) 4, 42
Świnoujście (Swinemünde) 4, 8, 16f., 20f., 23, 31, 39, 42f., 52, 59

Thurbruch 6, 45ff., 49
Trassenheide 11ff., 54f.

Ückeritz 6, 20, 26ff., 47, 49, 66f.
Ueckermünde 60
Ulrichshorst 45f.
Usedom (Stadt) 17, 38, 40ff., 61, 64
Usedomer Schweiz 44, 50
Usedomer See 40f., 61f.
Usedomer Stadtforst 4, 61
Usedomer Winkel 5, 41, 61f.

Vineta 21, 53
Voßberg 57f., 67

Warsów-Ost Swine 42
Warthe 57, 63
Weißer Berg 57, 67
Werder 7, 66f.
Wilhelmsfelde 62
Wilhelmshof 62
Wockninsee 6, 67
Wolgast 7f., 14, 16, 24, 40, 55f.
Wolgaster Fähre 8, 56
Wolgaster Ort 57
Wolgastsee 4, 45ff., 58
Wollin 8, 22, 42f., 48, 52, 54, 59

Zecherin/Mölschow 55f.
Zecherin/Usedom 40, 63
Zempin 17, 19ff., 53
Zerninsee 4, 58
Zierowberg 4
Ziesberg 56
Zinnowitz 4, 8, 10, 12, 14ff., 24, 39, 54ff., 58
Zirchow 60

Zeichenerklärung 73

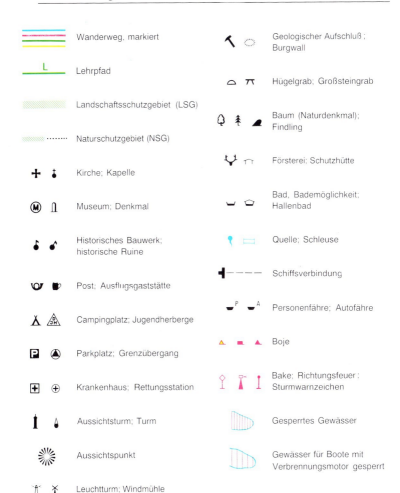

Wanderweg, markiert	
Lehrpfad	
Landschaftsschutzgebiet (LSG)	
Naturschutzgebiet (NSG)	
Kirche; Kapelle	
Museum; Denkmal	
Historisches Bauwerk; historische Ruine	
Post; Ausflugsgaststätte	
Campingplatz; Jugendherberge	
Parkplatz; Grenzübergang	
Krankenhaus; Rettungsstation	
Aussichtsturm; Turm	
Aussichtspunkt	
Leuchtturm; Windmühle	
Geologischer Aufschluß; Burgwall	
Hügelgrab; Großsteingrab	
Baum (Naturdenkmal); Findling	
Försterei; Schutzhütte	
Bad, Bademöglichkeit; Hallenbad	
Quelle; Schleuse	
Schiffsverbindung	
Personenfähre; Autofähre	
Boje	
Bake; Richtungsfeuer; Sturmwarnzeichen	
Gesperrtes Gewässer	
Gewässer für Boote mit Verbrennungsmotor gesperrt	

In den Karten können die Signaturen andersfarbig ausgewiesen sein.

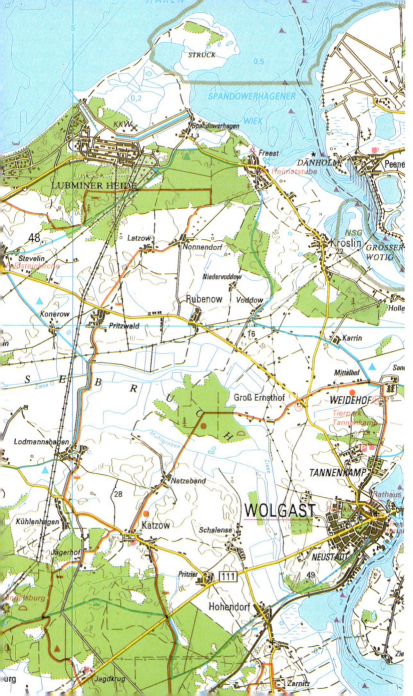

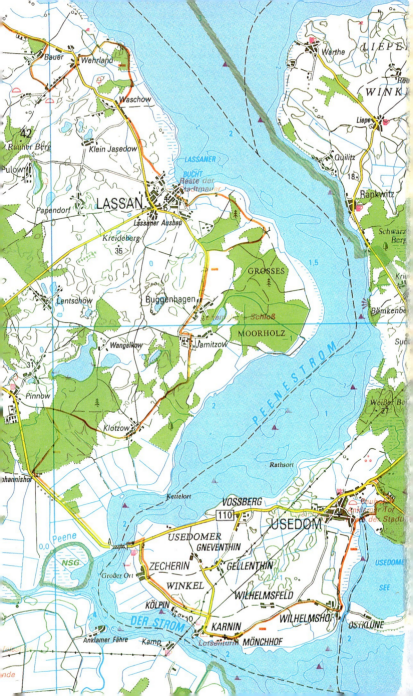